ケース別

相続登記 添付情報のチェックポイント

編集　山北 英仁（司法書士）

新日本法規

は　し　が　き

　近年、所有者不明土地問題や空き家問題が急速に社会問題化しています。その一因として考えられることに、相続登記が未了のまま放置されていることがあります。

　相続登記未了土地の放置を是正する方法として、法務省では、相続手続の負担軽減と相続人に対する相続登記の直接的な促しを目的とした法定相続情報証明制度を創設し、平成29年5月29日から運用を始めました。

　また、相続登記未了土地を相続登記する場合、登録免許税が3年間免除されることとなるなど、様々な方法で相続登記を促しています。

　さらに、約40年ぶりに相続法（民法）が改正され、令和2年4月より、配偶者相続人の居住権確保を目的として、被相続人の遺産である建物を無償で使用・収益できる配偶者居住権が創設されます。この改正により、配偶者居住権を設定する登記が行えるようになります。

　これらの動きにより、今後相続登記の件数が増加することが予想されますが、相続登記を行う場合、個々の目的や事情によって、登記に必要な添付情報は異なります。また、戸籍、遺産分割協議書、遺言書等の登記原因証明情報についても、相続登記が受理されるためにどのような事情が証明されていなければならないかについては、事案ごとに異なります。そのため、専門家といえど全てのケースにおいて適切な資料・内容の添付情報を準備することは容易ではありません。

　そこでこの度、様々なケースを想定し、そのケースごとに相続登記申請時の添付情報について確認すべきポイントを解説する本書を発刊することとなりました。

本書が広く活用され、相続登記手続に関わる全ての実務家の皆様の円滑な業務遂行の一助となることができれば、望外の喜びです。

　令和元年9月

司法書士　山北英仁

編集・執筆者一覧

＜編集者＞

山　北　英　仁（司法書士）

＜執筆者＞（五十音順）

大　野　真　弘（司法書士）【〔1〕〜〔16〕】

大和田　　亮　（司法書士・行政書士）【〔53〕〜〔61〕】

川　島　真　一（司法書士・行政書士・民事信託士）
　　　　　　　　　　【〔17〕〜〔25〕、〔27〕、〔28〕、〔30〕】

増　井　洋　平（司法書士・民事信託士）【〔39〕〜〔52〕】

吉　澤　　遼　（司法書士・民事信託士）
　　　　　　　　　　【〔26〕、〔29〕、〔31〕〜〔38〕】

略　語　表

　本書で使用した主な法令・先例・判例の表記については次のとおり
です。

1　法令の表記

　　法令の表記につきましては、本文中は原則として正式名称を用い
ましたが、（　　）で表示してある法令につきましては略語で表記しま
した。

　　　民法123条1項2号 ＝ （民123①二）

　　また、法令の略語は次のとおりです。

一般法人	一般社団法人及び一般財団法人に関する法律	農地	農地法
		農地規	農地法施行規則
応急措置法	日本国憲法の施行に伴う民法の応急的措置に関する法律	不登	不動産登記法
		不登令	不動産登記令
		不登規	不動産登記規則
家事	家事事件手続法	民	民法
戸籍	戸籍法	民執	民事執行法
登免	登録免許税法		

2　先例の表記

　　根拠となる先例につきましては、次のように略して表記しました。

　　　昭和29年5月22日民事甲第1037号民事局長回答
　　　　＝ （昭29・5・22民甲1037）

3 判例の表記

根拠となる判例につきましては、次のように略して表記しました。

最高裁大法廷平成28年12月19日決定、判例時報2333号68頁
　　＝（最大決平28・12・19判時2333・68）

また、出典の略語は次のとおりです。

判時	判例時報	民録	大審院民事判決録
判タ	判例タイムズ	家月	家庭裁判月報
民集	最高裁判所（大審院）民事判例集		

目　次

第1章　所有権に関する登記

（相続その他一般承継による所有権移転）

ページ

〔1〕　法定共同相続の場合 ……………………………………… 3

〔2〕　法定相続の場合 ……………………………………………… 8

〔3〕　遺産分割協議がある場合 …………………………………… 13

〔4〕　遺産分割協議に未成年者を含む場合 …………………… 18

〔5〕　遺産分割の審判又は調停があった場合 ………………… 23

〔6〕　遺言に基づく場合 …………………………………………… 26

〔7〕　公正証書遺言に基づく場合 ……………………………… 30

〔8〕　特別受益者がある場合 …………………………………… 33

〔9〕　特別受益者を除いて遺産分割協議をした場合 ………… 38

〔10〕　相続放棄者がある場合 …………………………………… 43

〔11〕　廃除された者がある場合 ………………………………… 47

〔12〕　相続欠格者がある場合 …………………………………… 51

〔13〕　共同相続人の一部につき寄与分が定められた場合 ……… 56

〔14〕　代襲相続の場合 …………………………………………… 61

〔15〕　数次相続の場合 …………………………………………… 66

〔16〕　相続人に対して相続分を譲渡した者がある場合 ……… 71

〔17〕　遺留分減殺請求（共同申請）の場合 …………………… 76

〔18〕　遺留分減殺請求（判決）の場合 ………………………… 80

〔19〕　相続財産の分離の場合 …………………………………… 82

〔20〕　相続人不存在による相続財産を法人名義にする場合 ……… 84

〔21〕　旧民法による家督相続の場合 …………………………… 87

〔22〕　民法附則25条2項本文の規定による相続の場合 ……… 92

〔23〕 日本国憲法の施行に伴う民法の応急措置に関する法律
による相続の場合 ……………………………………… 97

〔24〕 旧民法による遺産相続の場合 ……………………… 102

〔25〕 特別縁故者に移転する場合 ………………………… 108

（遺贈・贈与による所有権移転）

〔26〕 遺贈による移転（遺言執行者の選任がある）の場合 ……… 110

〔27〕 遺贈による移転（遺言執行者の選任がない）の場合 ……… 114

〔28〕 贈与・寄附による移転の場合 …………………… 119

〔29〕 死因贈与による移転の場合 ……………………… 122

〔30〕 財産の拠出により一般財団法人へ移転する場合 …………… 131

（売買による所有権移転）

〔31〕 生前売買（買主・売主の相続開始）の場合 ……………… 134

（相続登記の更正）

〔32〕 共同相続を単独相続に更正する場合 ……………………… 137

〔33〕 単独相続を共同相続に更正する場合 ……………………… 141

〔34〕 共同相続登記後相続人の一部を追加する更正（相続登
記後認知の判決が確定した）の場合 …………………… 144

〔35〕 共同相続人中の胎児を死産した場合 ……………………… 146

〔36〕 共同相続登記後に相続の放棄がされた場合 ……………… 148

〔37〕 共同相続の登記原因を遺贈による登記に更正する場合 ……… 151

〔38〕 相続分（持分）を更正する場合 ………………………… 154

第2章 抵当権に関する登記

〔39〕 抵当権を移転する場合 …………………………………… 159

〔40〕 債務の承継（相続）をした（共同相続人全員の申請）
場合 ……………………………………………………… 163

目　次　　3

〔41〕　共同相続人全員の債務承継の変更登記後、相続人の一部が引き受ける契約をした場合 …………………………… 166

〔42〕　共同相続人の1人のみが遺産分割により、債権者の承認を得て債務を引き受けた場合 ……………………… 169

第3章　根抵当権に関する登記

〔43〕　債務者を変更する場合 …………………………………… 175

〔44〕　債務者の合意の登記をする場合 ……………………… 178

〔45〕　元本確定前に根抵当権者を相続人名義とする場合 ………… 181

〔46〕　根抵当権者の合意の登記をする場合 …………………… 185

〔47〕　元本確定後に根抵当権者を相続人名義とする場合 ………… 187

第4章　その他の権利に関する登記

〔48〕　地上権を移転する場合 …………………………………… 193

〔49〕　永小作権を移転する場合 ………………………………… 197

〔50〕　質権を移転する場合 ……………………………………… 200

〔51〕　賃借権を移転する場合 …………………………………… 203

〔52〕　配偶者居住権を設定する場合 …………………………… 207

第5章　渉外登記に関する登記

〔53〕　法定共同相続により所有権を移転する場合（被相続人が韓国人の場合）………………………………………… 213

〔54〕　法定共同相続により所有権を移転する場合（被相続人がアメリカ人の場合）…………………………………… 222

〔55〕　遺産分割協議により所有権を移転する場合（被相続人が韓国人の場合）………………………………………… 228

〔56〕遺産分割協議により所有権を移転する場合（被相続人
　　　が台湾人の場合）……………………………………………… 233

〔57〕遺言により相続を原因として所有権を移転する場合
　　　（被相続人がアメリカ人の場合）…………………………… 238

〔58〕遺言により相続を原因として所有権を移転する場合
　　　（被相続人が中国人の場合）………………………………… 245

〔59〕相続人不存在による相続財産を法人名義とする場合……… 251

〔60〕遺贈により所有権を移転する場合…………………………… 257

〔61〕贈与により所有権を移転する場合…………………………… 262

第 1 章

所有権に関する登記

2

第1章　所有権に関する登記　　3

（相続その他一般承継による所有権移転）

〔1〕　法定共同相続の場合

　相続人が複数いる場合、被相続人が亡くなった時点で遺産は相続人全員の共有となります（民898）。

　代表的なものとして、遺言書がなく、妻と子供、子供が2人以上いる場合等が挙げられます。そして法定共同相続人はその相続分に応じて被相続人の権利義務を承継することとなります。

　法定相続の順番、割合は以下のとおりです。

① 亡くなった人に子供がいる場合

　配偶者1／2　子供1／2（民887・900一）

　　※嫡出でない子の相続分は、平成25年9月5日以降に開始した相続について嫡出子と同等となっています（平成25法94改正民附則2）。

② 子供がいなくて親がいる場合

　配偶者2／3　直系尊属1／3（民889・900二）

③ 子供も親もいない場合

　配偶者3／4　兄弟姉妹1／4（民889・900三）

　　※父母の片方のみを同じくする兄弟姉妹の相続分は、父母両方が同じである兄弟姉妹の相続分の半分です（民900四）。

　　※胎児は相続については既に生まれたものとみなされます（民886①）。胎児が死体で生まれたときはこの限りではありません（民886②）。

　共同相続人のうちの1人が自己の持分についてのみ相続登記を申請することはできません（昭30・10・15民甲2216）。

　共同相続人全員分を1人が申請することは可能です。この場合登記識別情報は申請人にしか通知されないので注意が必要です。

必要な添付情報は、以下になります。

①　登記原因証明情報（被相続人の戸籍（除籍）謄本（全部事項証明書）、被相続人の住民票の除票又は戸籍の除附票、相続人全員の戸籍謄本（全部事項証明書）、相続関係説明図又は法定相続情報一覧図）

②　不動産を取得する相続人の住民票の写し（住所証明情報）

③　代理権限証明情報

④　固定資産評価証明書

添付情報のチェックポイント	
添付情報	**確　認　事　項**
□登記原因証明情報	
□被相続人の戸籍（除籍）謄本(全部事項証明書)	□出生から死亡までの本籍地が記載された戸籍（除籍、改製原戸籍）謄本が揃っているか
出生まで遡れない場合	□除籍等の謄本を交付することができない旨の市町村の証明書は添付されているか ※「他に相続人はいない」旨の上申書は添付不要（平28・3・11民二219）
□被相続人の住民票の除票又は戸籍の除附票	□被相続人の死亡時の住所が記載されているもので登記簿上の住所と符合しているか
登記簿上の住所と符合しない場合	
□「被相続人と登記簿上の所有者の同一性」についての上申書	□相続人全員からの上申書及び印鑑証明書が添付されているか ※印鑑証明書は作成から3か月以上経過していてもよい

第1章　所有権に関する登記　　　5

□登記識別情報又は登記済証	□被相続人名義の権利の受付年月日及び受付番号が符合しているか ※本書を添付した場合、以下の2つの書面の添付は不要（登研152・49、747・56）
□固定資産税評価額等証明書又は納税証明書	□登記簿上の被相続人の住所氏名が記載されているか
□登記簿上の所有者についての不在籍不在住証明書	□登記簿上の住所に被相続人が住所及び本籍地を有していないことが分かるものか
□相続人全員の戸籍謄本（全部事項証明書）	□被相続人の死亡日以降に取得されたものか □配偶者である場合は婚姻事項の記載があるか □子（嫡出子）である場合は、出生事項に嫡出子の記載はあるか □非嫡出子の場合、認知事項が記載されているか ※相続人が被相続人と同じ戸籍に入っていて「被相続人の戸籍謄本」に相続人も掲載されている場合添付は不要 ※胎児を相続人とする場合であっても「懐胎を証する書面」の提出は不要（登研191・72）
□相続関係説明図	□被相続人の登記簿上の住所・最後の住所・死亡日・氏名の記載はあるか □相続人の住所・氏名・生年月日の記載はあるか □被相続人より先に死亡した相続人がいる場合、その人の死亡年月日の記載はあるか ※相続関係説明図を添付する場合、被相続人の戸籍（除籍）謄本（全部事項証明書）、被相続人の

	住民票除票又は戸籍の除附票、相続人全員の戸籍謄本（全部事項証明書）の原本還付が受けられる
□法定相続情報一覧図	□申出人の記載がされているか □被相続人の最後の住所が「被相続人の住民票の除票、又は戸籍の除附票」に記載されているものと完全に符合しているか □最後の住所が確認できない場合、「最後の本籍地」を記載しているか □相続人の生年月日・被相続人との続柄・氏名を記載しているか ※各相続人の住所を記載する場合、相続人の住所証明書が必要 □作成日の表示と作成者の署名（記名押印）があるか □用紙の下方向に余白があるか ※この余白に登記官の記名押印が入る ※この法定相続情報一覧図を添付すると被相続人の戸籍謄本、住民票除票、相続人の戸籍謄本の提供は不要 ＜列挙表示の場合＞ □嫡出子と嫡出でない子、全血の兄弟姉妹と半血の兄弟姉妹を区別して表記しない場合、法定相続分の疎明資料を用意したか
□不動産を取得する相続人の住民票の写し（住所証明情報）	□不動産の名義を取得する相続人の住民票はあるか（名義を取得しない相続人の分は不要） ※住民票コードを作成した場合は省略できる
□代理権限証明情報	□委任された内容は特定されているか ※認印でよい

第1章　所有権に関する登記　　　7

	※保存行為として特定の相続人からの申請の場合に、申請人とならなかった他の相続人には登記識別情報が通知されないので注意が必要 ※胎児の相続登記を申請する場合、未成年の法定代理の規定に準じて母が胎児を代理して申請することとなる
□固定資産評価証明書	□最新年度のものとなっているか □地積等、面積は登記簿上のものと符合しているか

〔2〕 法定相続の場合

　人は必ず死亡し、死亡により相続が発生します（民882）。この相続が発生する死亡には失踪宣告によって死亡したとみなされる場合も含まれます（民31）。また、相続には同時存在の原則がありますので、同時死亡の場合、これらの者の間では相続は発生しません（民32の2）。

　相続の順番は以下のとおりとなります。なお、配偶者は必ず相続人となります。

・第1順位：死亡した人の子（民887）

　その子が死亡している時は、その子（孫）が代襲して相続人となります。

・第2順位：死亡した人の直系尊属（民889）

　父母が死亡しているが、祖父母がいる場合、祖父母が相続人となります。ただし、父母、祖父母、両方存在する場合は親等が近い父母が相続人となります。

・第3順位：死亡した人の兄弟姉妹（民889）

　直系卑属も、直系尊属もいない場合、死亡した人の兄弟姉妹が相続人となります。兄弟姉妹が死亡している場合、その兄弟姉妹の子が相続人となります。

　内縁の妻（夫）、離婚した元配偶者、再婚相手の連れ子は相続人となりません（再婚相手の連れ子は養子縁組をすることにより相続人となります。）。

　必要な添付情報は、以下になります。

① 登記原因証明情報（被相続人の戸籍（除籍）謄本（全部事項証明書）、被相続人の住民票の除票又は戸籍の除附票、相続人全員の戸籍謄本（全部事項証明書）、相続関係説明図又は法定相続情報一覧図）

② 不動産を取得する相続人の住民票の写し（住所証明情報）

第1章　所有権に関する登記　　　　9

③　代理権限証明情報
④　固定資産評価証明書

添付情報のチェックポイント	

添付情報	確　認　事　項
□登記原因証明情報	
□被相続人の戸籍（除籍）謄本（全部事項証明書）	□出生から死亡までの本籍地が記載された戸籍（除籍、改製原戸籍）謄本が揃っているか
直系尊属が相続人の場合	□被相続人に直系卑属がいないか 　（直系卑属が先に死亡していた場合、その出生から死亡までの戸籍（除籍）謄本（全部事項証明書）を添付する） ※相続人が被相続人と同じ戸籍に入っていて「被相続人の戸籍謄本」に相続人も掲載されている場合添付は不要
兄弟姉妹が相続人の場合	□被相続人に直系尊属がいないか 　（直系尊属が先に死亡していた場合、その出生から死亡までの戸籍（除籍）謄本（全部事項証明書）を添付する） ※祖父母の死亡を証する戸籍の添付も必要
配偶者のみが相続人の場合	□被相続人に、直系卑属、直系尊属、兄弟姉妹の全てが存在していないか
出生まで遡れない場合	□除籍等の謄本を交付することができない旨の市町村の証明書が添付されているか ※「他に相続人はいない」旨の上申書は添付不要 　（平28・3・11民二219）

□被相続人の住民票の除票又は戸籍の除附票	□被相続人の死亡時の住所が記載されているもので登記簿上の住所と符合しているか
登記簿上の住所と符合しない場合	
□「被相続人と登記簿上の所有者の同一性」についての上申書	□相続人全員からの上申書及び印鑑証明書が添付されているか ※印鑑証明書は作成から3か月以上経過していてもよい
□登記識別情報又は登記済証	□被相続人名義の権利の受付年月日及び受付番号が符合しているか ※本書を添付した場合、以下の2つの書面の添付は不要（登研152・49、747・56）
□固定資産税評価額等証明書又は納税証明書	□登記簿上の被相続人の住所氏名が記載されているか
□登記簿上の所有者についての不在籍不在住証明書	□登記簿上の住所に被相続人が住所及び本籍地を有していないことが分かるものか
□相続人全員の戸籍謄本（全部事項証明書）	□被相続人の死亡日以降に取得されたものか □配偶者である場合、婚姻事項の記載があるか □子（嫡出子）である場合、出生事項に嫡出子の記載はあるか □非嫡出子の場合、認知事項が記載されているか ※相続人が被相続人と同じ戸籍に入っていて「被相続人の戸籍謄本」に相続人も掲載されている場合添付は不要

第1章 所有権に関する登記 　　11

	□被相続人が養子の場合、実親、養親双方の謄本（全部事項証明書）はあるか
□相続関係説明図	□被相続人の登記簿上の住所・最後の住所・死亡日・氏名の記載はあるか □相続人の住所・氏名・生年月日の記載はあるか □被相続人より先に死亡した相続人がいる場合、その人の死亡年月日の記載はあるか ※相続関係説明図を添付する場合、被相続人の戸籍（除籍）謄本（全部事項証明書）、被相続人の住民票除票又は戸籍の除附票、相続人全員の戸籍謄本（全部事項証明書）の原本還付が受けられる
直系尊属が相続人の場合	□直系卑属が先に死亡している場合、その人の死亡年月日が記載されているか
兄弟姉妹が相続人の場合	□直系卑属、直系尊属が先に死亡している場合、その人の死亡年月日が記載されているか
□法定相続情報一覧図	□申出人の記載がされているか □被相続人の最後の住所が「被相続人の住民票の除票、又は戸籍の除附票」に記載されているものと完全に符合しているか □最後の住所が確認できない場合、「最後の本籍地」を記載しているか □相続人の生年月日・被相続人との続柄・氏名を記載しているか ※各相続人の住所を記載する場合、相続人の住所証明情報が必要 □作成日の表示と作成者の署名（記名押印）があるか □用紙の下方向に余白があるか ※この余白に登記官の記名押印が入る

	※この法定相続情報一覧図を添付すると被相続人の戸籍謄本、住民票除票、相続人の戸籍謄本の提供は不要 〈列挙表示の場合〉 □嫡出子と嫡出でない子、全血の兄弟姉妹と半血の兄弟姉妹を区別して表記しない場合、法定相続分の疎明資料を用意したか
□不動産を取得する相続人の住民票の写し（住所証明情報）	□不動産の名義を取得する相続人の住民票はあるか（名義を取得しない相続人の分は不要） ※住民票コードを作成した場合は省略できる
□代理権限証明情報	□委任された内容は特定されているか ※認印でよい ※名義を取得する相続人からの委任状がないと委任状を出されなかった相続人の登記識別情報が通知されないので注意が必要 ※胎児の相続登記を申請する場合、未成年の法定代理の規定に準じて母が胎児を代理して申請することとなる
□固定資産評価証明書	□最新年度のものとなっているか □地積等、面積は登記簿上のものと符合しているか

第1章 所有権に関する登記 13

〔3〕 遺産分割協議がある場合

　相続が発生した場合、法定相続以外にも相続分を相続人全員で協議して決定する遺産分割協議があり、各共同相続人は遺言で禁止された場合を除きいつでもその協議をすることができます（民907①）。

　遺産分割協議は相続人、包括受遺者、相続分の譲受人がその当事者となります。相続分の譲渡人、相続放棄をした人は遺産分割協議に関与させる必要はありません。また、遺言認知（民781②）や死後の強制認知（民787）により相続人となった人がいる場合、既に遺産分割協議が終了していれば新しく相続人となった人は再分割を請求できず価額請求権のみを有することとなります（民910）。

　なお、相続人の一部が参加していない遺産分割協議は無効のため、その遺産分割協議に基づく登記申請は受理されません（登研507・198）。

　遺産分割協議により取得した不動産が未登記不動産の場合、未登記不動産を取得した相続人は直接自己名義の所有権保存登記を申請することができます（昭19・11・10民甲730）。

　遺産分割協議は相続が発生してから行う必要があります。そのため被相続人の生前に相続人となる予定の人たちであらかじめ遺産分割協議書を作成しても効力は有りません。遺産分割協議の対象となる相続財産は相続が発生しないと確定しないからです。

　必要な添付情報は、以下になります。

① 　登記原因証明情報（被相続人の戸籍（除籍）謄本（全部事項証明書）、被相続人の住民票の除票又は戸籍の除附票、相続人全員の戸籍謄本（全部事項証明書）、遺産分割協議書（印鑑証明書添付）、相続関係説明図又は法定相続情報一覧図）

② 　不動産を取得する相続人の住民票の写し（住所証明情報）

14　　　第 1 章　所有権に関する登記

③　代理権限証明情報
④　固定資産評価証明書

添付情報のチェックポイント

添付情報	確 認 事 項
□登記原因証明情報	
□被相続人の戸籍（除籍）謄本（全部事項証明書）	□出生から死亡までの本籍地が記載された戸籍（除籍、改製原戸籍）謄本が揃っているか
出生まで遡れない場合	□除籍等の謄本を交付することができない旨の市町村の証明書が添付されているか ※「他に相続人はいない」旨の上申書は添付不要（平28・3・11民二219）
□被相続人の住民票の除票又は戸籍の除附票	□被相続人の死亡時の住所が記載されているもので登記簿上の住所と符合しているか
登記簿上の住所と符合しない場合	
□「被相続人と登記簿上の所有者の同一性」についての上申書	□相続人全員からの上申書及び印鑑証明書が添付されているか ※印鑑証明書は作成から3か月以上経過していてもよい
□登記識別情報又は登記済証	□被相続人名義の権利の受付年月日及び受付番号が符合しているか ※本書を添付した場合、以下の2つの書面の添付は不要（登研152・49、747・56）
□固定資産税評	□登記簿上の被相続人の住所氏名が記載されてい

価額等証明書又は納税証明書	るか
□登記簿上の所有者についての不在籍不在住証明書	□登記簿上の住所に被相続人が住所及び本籍地を有していないことが分かるものか
□相続人全員の戸籍謄本（全部事項証明書）	□被相続人の死亡日以降に取得されたものであるか □配偶者である場合は婚姻事項の記載があるか □子（嫡出子）である場合は、出生事項に嫡出子の記載はあるか □非嫡出子の場合、認知事項が記載されているか ※相続人が被相続人と同じ戸籍に入っていて「被相続人の戸籍謄本」に相続人も掲載されている場合添付は不要
□遺産分割協議書	□相続人全員の署名・押印（実印）があるか □被相続人の最後の住所・氏名・死亡年月日が記載されているか □不動産の表示が登記簿と符合しているか ※不動産の地目・地積・種類・構造・床面積等は記載しなくても差し支えない ※被相続人が未登記不動産を所有している可能性があるため、課税明細書等で確認し、所有不動産の記載漏れのないようにする ※1通で作成しなくてもよい（昭35・12・27民甲3327） ※代襲相続の場合「A代襲相続人B」、数次相続の場合「A相続人B」のように記載 □申請人以外の者の印鑑証明書はあるか（昭30・4・23民甲742）

		□添付した印鑑証明書は相続人の戸籍謄本（全部事項証明書）と氏名、生年月日が同一であるか（昭43・3・28民三114） ※遺産分割協議書が公正証書で作成されていれば印鑑証明書は不要 ※有効期限はなく、被相続人の死亡日以前の日付でも問題ない
	代償分割の場合	□分割の対象となる財産、分与の対象者、分与割合は明示されているか
	換価分割の場合	□分割の対象となる財産は明示されているか □換価後財産の取得割合は明示されているか □財産を換価するまでの管理方法・管理費用は明示されているか
	□相続関係説明図	□被相続人の登記簿上の住所・最後の住所・死亡日・氏名の記載はあるか □相続人の住所・氏名・生年月日の記載はあるか □被相続人より先に死亡した相続人がいる場合、その人の死亡年月日の記載はあるか ※相続関係説明図を添付する場合、被相続人の戸籍（除籍）謄本（全部事項証明書）、被相続人の住民票除票又は戸籍の除附票、相続人全員の戸籍謄本（全部事項証明書）の原本還付が受けられる
	□法定相続情報一覧図	□申出人の記載がされているか □被相続人の最後の住所が「被相続人の住民票の除票、又は戸籍の除附票」に記載されているものと完全に符合しているか □最後の住所が確認できない場合、「最後の本籍地」を記載しているか □相続人の生年月日・被相続人との続柄・氏名を

第1章　所有権に関する登記　　　　　　　　17

	記載しているか ※各相続人の住所を記載する場合、相続人の住所証明情報が必要 □作成日の表示と作成者の署名（記名押印）があるか □用紙の下方向に余白があるか ※この余白に登記官の記名押印が入る ※この法定相続情報一覧図を添付すると被相続人の戸籍謄本、住民票除票、相続人の戸籍謄本の提供は不要 ＜列挙表示の場合＞ □嫡出子と嫡出でない子、全血の兄弟姉妹と半血の兄弟姉妹を区別して表記しない場合、法定相続分の疎明資料を用意したか
□不動産を取得する相続人の住民票の写し（住所証明情報）	□不動産の名義を取得する相続人の住民票はあるか（名義を取得しない相続人の分は不要） ※住民票コードを作成した場合は省略できる
□代理権限証明情報	□委任された内容は特定されているか ※認印でよい ※日付は遺産分割協議成立日以後であること ※名義を取得する相続人からの委任状がないと委任状を出されなかった相続人の登記識別情報が通知されないので注意が必要
□固定資産評価証明書	□最新年度のものとなっているか □地積等、面積は登記簿上のものと符合しているか

〔4〕 遺産分割協議に未成年者を含む場合

　法定相続分と異なる割合で相続登記する場合、遺産分割協議が必要となります。この遺産分割協議は共同相続人全員で行う必要があり、相続人の一部が参加していない遺産分割協議書を添付して申請した登記申請は受理されません（登研507・198）。

　この共同相続人間に未成年者（令和4年4月1日より18歳未満）が存在していた場合、その法定代理人の同意を得ることが必要です（民5）。ただし、この法定代理人も共同相続人となっている場合、遺産分割協議は利益相反となってしまうため家庭裁判所に特別代理人の選任申立てをする必要があります（民826、最判昭48・4・24判時704・50）。また、相続人中、子が複数いる場合、その数だけ特別代理人の選任が必要となります（昭30・6・18民甲1264）。

　特別代理人は相続人である未成年者との間に利益相反の関係がないことが必要であり、利益相反関係が認められる場合、特別代理人は選任審判によって付与された権限を行使することができず、これを行使しても無権代理行為となります（最判昭57・11・18判時1064・49）。

　必要な添付情報は、以下になります。

① 　登記原因証明情報（被相続人の戸籍（除籍）謄本（全部事項証明書）、被相続人の住民票の除票又は戸籍の除附票、相続人全員の戸籍謄本（全部事項証明書）、遺産分割協議書（印鑑証明書添付）、相続関係説明図又は法定相続情報一覧図）

② 　特別代理人の選任審判書

③ 　法定代理権を証する戸籍謄本

④ 　不動産を取得する相続人の住民票の写し（住所証明情報）

⑤ 　代理権限証明情報

⑥ 　固定資産評価証明書

第1章　所有権に関する登記　　19

添付情報のチェックポイント

添付情報	確　認　事　項
□登記原因証明情報	
□被相続人の戸籍（除籍）謄本（全部事項証明書）	□出生から死亡までの本籍地が記載された戸籍（除籍、改製原戸籍）謄本が揃っているか
出生まで遡れない場合	□除籍等の謄本を交付することができない旨の市町村の証明書が添付されているか ※「他に相続人はいない」旨の上申書は添付不要（平28・3・11民二219）
□被相続人の住民票の除票又は戸籍の除附票	□被相続人の死亡時の住所が記載されているもので登記簿上の住所と符合しているか
登記簿上の住所と符合しない場合	
□「被相続人と登記簿上の所有者の同一性」についての上申書	□相続人全員からの上申書及び印鑑証明書が添付されているか ※印鑑証明書は作成から3か月以上経過していてもよい
□登記識別情報又は登記済証	□被相続人名義の権利の受付年月日及び受付番号が符合しているか ※本書を添付した場合、以下の2つの書面の添付は不要（登研152・49、747・56）
□固定資産税評価額等証明書又は納税証明書	□登記簿上の被相続人の住所氏名が記載されているか

□登記簿上の所有者についての不在籍不在住証明書	□登記簿上の住所に被相続人が住所及び本籍地を有していないことが分かるものか
□相続人全員の戸籍謄本（全部事項証明書）	□被相続人の死亡日以降に取得されたものであるか □配偶者である場合は婚姻事項の記載があるか □子（嫡出子）である場合は、出生事項に嫡出子の記載はあるか □非嫡出子の場合、認知事項が記載されているか ※相続人が被相続人と同じ戸籍に入っていて「被相続人の戸籍謄本」に相続人も掲載されている場合、添付は不要となる
□遺産分割協議書	□相続人全員の署名・押印（実印）があるか ※法定代理人、特別代理人がいる場合、その人の署名・押印（実印）が必要 ※署名は「A特別代理人B」のように記載し、未成年者の捺印は不要 □被相続人の最後の住所・氏名・死亡年月日が記載されているか □不動産の表示が登記簿と符合しているか ※不動産の地目・地積・種類・構造・床面積等は記載しなくても差し支えない ※被相続人が未登記不動産を所有している可能性があるため、課税明細書等で確認し、所有不動産の記載漏れのないようにする □相続人及び特別代理人の印鑑証明書は添付されているか □添付した印鑑証明書は相続人の戸籍謄本（全部事項証明書）と氏名、生年月日が同一であるか

	（昭43・3・28民三114） ※法定代理人、特別代理人がいる時はその者の印鑑証明書を添付し、未成年者のものは不要 ※遺産分割協議書が公正証書で作成されていれば印鑑証明書は不要 ※有効期限はなく、被相続人の死亡日以前の日付でもよい
□相続関係説明図	□被相続人の登記簿上の住所・最後の住所・死亡日・氏名の記載はあるか □相続人の住所・氏名・生年月日の記載はあるか □被相続人より先に死亡した相続人がいる場合、その人の死亡年月日の記載はあるか ※相続関係説明図を添付する場合、被相続人の戸籍（除籍）謄本（全部事項証明書）、被相続人の住民票除票又は戸籍の除附票、相続人全員の戸籍謄本（全部事項証明書）の原本還付が受けられる
□法定相続情報一覧図	□申出人の記載がされているか □被相続人の最後の住所が「被相続人の住民票の除票、又は戸籍の除附票」に記載されているものと完全に符合しているか □最後の住所が確認できない場合、「最後の本籍地」を記載しているか □相続人の生年月日・被相続人との続柄・氏名を記載しているか ※各相続人の住所を記載する場合、相続人の住所証明情報が必要 □作成日の表示と作成者の署名（記名押印）があるか □用紙の下方向に余白があるか ※この余白に登記官の記名押印が入る

	※この法定相続情報一覧図を添付すると被相続人の戸籍謄本、住民票除票、相続人の戸籍謄本の提供は不要 ＜列挙表示の場合＞ □嫡出子と嫡出でない子、全血の兄弟姉妹と半血の兄弟姉妹を区別して表記しない場合、法定相続分の疎明資料を用意したか
□特別代理人の選任審判書	□遺産分割協議のための特別代理人の記載はあるか □正本又は謄本が添付されているか
□法定代理権を証する戸籍謄本	□未成年者と法定代理人の関係が分かる戸籍謄本（作成後3か月以内のもの（不登令17①））となっているか
□不動産を取得する相続人の住民票の写し（住所証明情報）	□不動産の名義を取得する相続人の住民票はあるか（名義を取得しない相続人の分は不要） ※住民票コードを作成した場合は省略できる
□代理権限証明情報	□委任された内容は特定されているか ※認印でよい ※日付は遺産分割協議成立日以後であること ※名義を取得する相続人からの委任状がないと委任状を出されなかった相続人の登記識別情報が通知されないので注意が必要
□固定資産評価証明書	□最新年度のものとなっているか □地積等、面積は登記簿上のものと符合しているか

第1章　所有権に関する登記　　23

〔5〕　遺産分割の審判又は調停があった場合

　遺産の分割は、共同相続人での話し合いにより決定する遺産分割協議が一般的です。しかし、共同相続人間の遺産分割協議がまとまらない場合もあり得ます。そのような場合には、家庭裁判所へ遺産分割の調停又は審判の手続を申し立てることができます（民907②）。

　家庭裁判所へ遺産分割の調停手続を申し立てる場合は、遺産分割調停事件として、共同相続人の一部の人（共同相続人、包括受遺者、相続分譲受人）が他の相続人全員を相手方として申し立てることとなります。調停により家庭裁判所の調停員が各共同相続人の間を取り持ち、それぞれの意見を聞きながら遺産分割協議の話し合いを進めていきます。調停を進めていっても双方の折り合いがつかず、調停が成立しなかった場合、審判手続が開始され、裁判官が相続財産に含まれる財産の内容等、一切の事情を考慮して審判をします。

　なお、当事者間で合意が成立し、これを調書に記載したときは確定判決と同一の効力を有することとなります（家事268①）。

　また、遺産分割を審判にて行った場合であっても、「相続」を原因とする所有権移転登記を申請するべきであり、「判決」を原因とする所有権移転登記（不登63①）を申請することとはなりません。

　必要な添付情報は、以下になります。

① 　登記原因証明情報（遺産分割調停調書又は遺産分割審判書の正本又は謄本、必要に応じて被相続人の戸籍（除籍）謄本（全部事項証明書）、被相続人の住民票の除票又は戸籍の除附票、相続人全員の戸籍謄本（全部事項証明書））

② 　不動産を取得する相続人の住民票の写し（住所証明情報）

③ 　代理権限証明情報

④ 　固定資産評価証明書

24　　　　　　　第1章　所有権に関する登記

添付情報のチェックポイント

添付情報	確 認 事 項
☐登記原因証明情報	
☐遺産分割調停調書又は遺産分割審判書	☐正本又は謄本が添付されているか ※審判書の場合、確定証明書も必要
☐被相続人の戸籍（除籍）謄本（全部事項証明書）	☐審判書又は調停調書に被相続人の死亡年月日の記載はあるか ※死亡年月日の記載がない場合に必要（昭37・5・31民甲1489）
☐被相続人の住民票の除票又は戸籍の除附票	☐審判書又は調停調書に記載された被相続人の住所と登記簿上の住所が異なっているか ※住所が異なる場合に必要
☐相続人全員の戸籍謄本（全部事項証明書）	☐審判書又は調停調書に共同相続人の記載はあるか ※共同相続人の記載がない場合に必要（昭37・5・31民甲1489）
☐不動産を取得する相続人の住民票の写し（住所証明情報）	☐不動産の名義を取得する相続人の住民票はあるか（名義を取得しない相続人の分は不要） ※住民票コードを作成した場合は省略できる
☐代理権限証明情報	☐委任された内容は特定されているか ※認印でよい ※保存行為として特定の相続人からの申請の場合に、申請人とならなかった他の相続人には登記識別情報が通知されないので注意が必要

□固定資産評価証明書	□最新年度のものとなっているか □地積等、面積は登記簿上のものと符合しているか

〔6〕 遺言に基づく場合

　相続が発生した場合、被相続人が自らの意思で相続分の分配を決める方法として遺言があります。この遺言は方式が民法上で定められており、この方式に従い作成される必要があります（民960）。

　ここでは「自筆証書遺言」について解説していきます。

　「自筆証書遺言」は遺言者が、全文、日付及び氏名を自書し、押印する必要があります（民968①、財産目録はパソコンで作成することも可能となっています（民968②、平成30年法律72号で改正））。

　「自筆証書遺言」のメリットは公正証書遺言と異なり、迅速にかつ費用をかけずに作成ができるという点です（公証人手数料令9・別表）。

　ただし、デメリットもあり、要件を満たしていない場合、遺言全体が無効になってしまう可能性もあります。

　また、検認が必要であり、紛失、改ざん、隠匿といったリスクもあります。このリスクの緩和として、法務局にて自筆証書遺言を保管する制度が新設されました（法務局における遺言書の保管等に関する法律－令和2年7月10日より開始）。

　遺言書を法務局に預けることにより遺言書の紛失、改ざん、隠匿の心配がなくなるだけでなく、検認も不要となります。

　なお、平成30年法律72号の改正前の旧法においては遺言により取得した財産については対抗関係となっていなかったため、早急に手続をする必要はありませんでした。しかし、改正後は遺言により取得した財産も法定相続分を超える部分については対抗関係となったため、相続開始後速やかな登記申請を行う必要があります（民899の2一）。

　必要な添付情報は、以下になります。

① 　登記原因証明情報（遺言書、被相続人の戸籍（死亡が記載された除籍謄本等）、被相続人の住民票の除票又は戸籍の除附票、相続人の

第1章 所有権に関する登記 27

戸籍謄本（全部事項証明書））
② 不動産を取得する相続人の住民票の写し（住所証明情報）
③ 代理権限証明情報
④ 固定資産評価証明書

添付情報のチェックポイント

添付情報	確 認 事 項
□登記原因証明情報	
□遺言書	□以下の様式は整っているか ・自書されている（財産目録は自書不要） ・日付の記載 ・氏名の記載 ・押印がある（民968①） ・加除、その他変更が様式に従っているか（民968③） □検認済証明書は添付されているか ※法務局による保管制度を利用している場合は不要
直系尊属が相続人の場合	□第1順位の相続人がいないことを証する戸籍（除籍、改製原戸籍）は添付されているか
兄弟姉妹が相続人の場合	□第1順位、第2順位の相続人がいないことを証する戸籍（除籍、改製原戸籍）は添付されているか
□被相続人の戸籍（死亡が記載された除籍謄本等）	□被相続人の死亡時の本籍地が記載された戸籍（除籍、改製原戸籍）は揃っているか ※出生から死亡まで揃える必要はない
□被相続人の住民	□被相続人の死亡時の住所が記載されているもの

票の除票又は戸籍の除附票	で登記簿上の住所と符合しているか
登記簿上の住所と符合しない場合	
□「被相続人と登記簿上の所有者の同一性」についての上申書	□相続人全員からの上申書及び印鑑証明書が添付されているか ※印鑑証明書は作成から3か月以上経過していてもよい
□登記識別情報又は登記済証	□被相続人名義の権利の受付年月日及び受付番号が符合しているか ※本書を添付した場合、以下の2つの書面の添付は不要（登研152・49、747・56）
□固定資産税評価額等証明書又は納税証明書	□登記簿上の被相続人の住所氏名が記載されているか
□登記簿上の所有者についての不在籍不在住証明書	□登記簿上の住所に被相続人が住所及び本籍地を有していないことが分かるものか
□相続人の戸籍謄本（全部事項証明書）	□被相続人の死亡日以降に取得されたものか □配偶者である場合は婚姻事項の記載があるか □子（嫡出子）である場合は、出生事項に嫡出子の記載はあるか □非嫡出子の場合、認知事項が記載されているか ※相続人が被相続人と同じ戸籍に入っていて「被相続人の戸籍謄本」に相続人も掲載されている場合添付は不要 ※全相続人のものを揃える必要はなく、遺言によ

第1章 所有権に関する登記 29

	り財産を取得する者の戸籍謄本のみでよい
□不動産を取得する相続人の住民票の写し（住所証明情報）	□不動産の名義を取得する相続人の住民票はあるか（名義を取得しない相続人の分は不要） ※住民票コードを作成した場合は省略できる
□代理権限証明情報	□委任された内容は特定されているか ※認印でよい ※保存行為として特定の相続人からの申請の場合に、申請人とならなかった他の相続人には登記識別情報が通知されないので注意が必要
□固定資産評価証明書	□最新年度のものとなっているか □地積等、面積は登記簿上のものと符合しているか

〔7〕 公正証書遺言に基づく場合

　公正証書遺言とは、遺言者が口述した遺言内容を公証人が筆記する方式の遺言です（民969）。

　公正証書遺言のメリットとしては、①法律のプロである公証人と事前に打ち合わせをして作成するため、無効になることがなく、検認も不要である、②全文を自書する必要がない、③遺言書を公証役場が保管するため紛失、改ざん等のリスクがない、④正本、謄本を遺言者が保持しているため、相続開始後速やかに相続手続に移行できることが挙げられます。

　逆にデメリットとしては、①財産額に応じて手数料が掛かる、②遺言の内容について公証人との打ち合わせが必要である、③必要な書類を揃えなければいけない、④遺言書作成の際は証人の立ち合いが必要であることなどが挙げられます。

　手続が複雑かつ厳格な公正証書遺言ですが、その分、法的な効力も安定していますし、法律のプロである公証人が事前に内容を精査したうえで作成しているので安心でもあります。

　必要な添付情報は、以下になります。

①　登記原因証明情報（遺言書、被相続人の戸籍（死亡が記載された除籍謄本等）、被相続人の住民票の除票又は戸籍の除附票、相続人の戸籍謄本（全部事項証明書））

②　不動産を取得する相続人の住民票の写し（住所証明情報）

③　代理権限証明情報

④　固定資産評価証明書

第1章　所有権に関する登記　　31

添付情報のチェックポイント

添付情報	確　認　事　項
□登記原因証明情報	
□遺言書	□公正証書遺言としての要件を備えているか ※正本、謄本どちらでも可能 ※検認等の手続は不要
直系尊属が相続人の場合	□第1順位の相続人がいないことを証する戸籍（除籍、改製原戸籍）が添付されているか
兄弟姉妹が相続人の場合	□第1順位、第2順位の相続人がいないことを証する戸籍（除籍、改製原戸籍）が添付されているか
□被相続人の戸籍（死亡が記載された除籍謄本等）	□被相続人の死亡時の本籍地が記載された戸籍（除籍、改製原戸籍）が揃っているか ※出生から死亡まで揃える必要はない
□被相続人の住民票の除票又は戸籍の除附票	□被相続人の死亡時の住所が記載されているもので登記簿上の住所と符合しているか
登記簿上の住所と符合しない場合	
□「被相続人と登記簿上の所有者の同一性」についての上申書	□相続人全員からの上申書及び印鑑証明書が添付されているか ※印鑑証明書は作成から3か月以上経過していてもよい
□登記識別情報又は登記済証	□被相続人名義の権利の受付年月日及び受付番号が符合しているか ※本書を添付した場合、以下の2つの書面の添付は不要（登研152・49、747・56）

□固定資産税評価額等証明書又は納税証明書	□登記簿上の被相続人の住所氏名が記載されているか
□登記簿上の所有者についての不在籍不在住証明書	□登記簿上の住所に被相続人が住所及び本籍地を有していないことが分かるものか
□相続人の戸籍謄本（全部事項証明書）	□被相続人の死亡日以降に取得されたものか □配偶者である場合は婚姻事項の記載があるか □子（嫡出子）である場合は、出生事項に嫡出子の記載はあるか □非嫡出子の場合、認知事項が記載されているか ※相続人が被相続人と同じ戸籍に入っていて「被相続人の戸籍謄本」に相続人も掲載されている場合添付は不要 ※全相続人のものを揃える必要はなく、遺言により財産を取得する者の戸籍謄本のみでよい
□不動産を取得する相続人の住民票の写し（住所証明情報）	□不動産の名義を取得する相続人の住民票はあるか（名義を取得しない相続人の分は不要） ※住民票コードを作成した場合は省略できる
□代理権限証明情報	□委任された内容は特定されているか ※認印でよい ※保存行為として特定の相続人からの申請の場合に、申請人とならなかった他の相続人には登記識別情報が通知されないので注意が必要
□固定資産評価証明書	□最新年度のものとなっているか □地積等、面積は登記簿上のものと符合しているか

〔8〕 特別受益者がある場合

　共同相続人中に、被相続人から遺贈を受け、又は婚姻、養子縁組のため、若しくは生計の資本として贈与を受けた者を特別受益者といいます（民903①）。

　この「特別受益者」がいる場合、相続分の計算は法定相続分の計算とは異なり、以下のような手順で計算します。

① 被相続人の財産に特別受益に該当する財産を加える（みなし相続財産）

② みなし相続財産を法定相続分にて按分する

③ 特別受益者については、②で按分された相続分から①で特別受益として加えた財産価格を控除する

　なお、この計算結果により特別受益者の相続分が0又はマイナスとなった場合、特別受益者の相続分は0となります。ただし、マイナスとなった場合であっても特別受益者はそのマイナス分を返還する必要はありません。

　また、未成年でも特別受益者に該当します。この場合、親権者が未成年者に関する特別受益証明書を作成することは利益相反行為（民826）には該当しません（昭23・12・18民甲95）。

　必要な添付情報は、以下になります。

① 登記原因証明情報（被相続人の戸籍（除籍）謄本（全部事項証明書）、被相続人の住民票の除票又は戸籍の除附票、相続人全員の戸籍謄本（全部事項証明書）、特別受益証明書（印鑑証明書添付）、相続関係説明図又は法定相続情報一覧図）

② 不動産を取得する相続人の住民票の写し（住所証明情報）

③ 代理権限証明情報

④ 固定資産評価証明書

第1章　所有権に関する登記

```
┌─────────────────────────────────────┐
│        添付情報のチェックポイント         │
└─────────────────────────────────────┘
```

添付情報	確 認 事 項
□登記原因証明情報	
□被相続人の戸籍（除籍）謄本（全部事項証明書）	□出生から死亡までの本籍地が記載された戸籍（除籍、改製原戸籍）謄本が揃っているか
出生まで遡れない場合	□除籍等の謄本を交付することができない旨の市町村の証明書は添付されているか ※「他に相続人はいない」旨の上申書は添付不要（平28・3・11民二219）
□被相続人の住民票の除票又は戸籍の除附票	□被相続人の死亡時の住所が記載されているもので登記簿上の住所と符合しているか
登記簿上の住所と符合しない場合	
□「被相続人と登記簿上の所有者の同一性」についての上申書	□相続人全員からの上申書及び印鑑証明書が添付されているか ※印鑑証明書は作成から3か月以上経過していてもよい
□登記識別情報又は登記済証	□被相続人名義の権利の受付年月日及び受付番号が符合しているか ※本書を添付した場合、以下の2つの書面の添付は不要（登研152・49、747・56）
□固定資産税評価額等証明書又は納税証明書	□登記簿上の被相続人の住所氏名が記載されているか

第1章　所有権に関する登記　　35

□登記簿上の所有者についての不在籍不在住証明書	□登記簿上の住所に被相続人が住所及び本籍地を有していないことが分かるものか
□相続人全員の戸籍謄本（全部事項証明書）	□被相続人の死亡日以降に取得されたものか □配偶者である場合は婚姻事項の記載があるか □子（嫡出子）である場合は、出生事項に嫡出子の記載はあるか □非嫡出子の場合、認知事項が記載されているか ※相続人が被相続人と同じ戸籍に入っていて「被相続人の戸籍謄本」に相続人も掲載されている場合添付は不要
□特別受益証明書	□被相続人の氏名、本籍、死亡年月日の記載はあるか □自身の相続分についての記載はあるか ※実印の押印が必要 □印鑑証明書は添付されているか □添付した印鑑証明書は相続人の戸籍謄本（全部事項証明書）と氏名、生年月日が同一であるか（昭43・3・28民三114） ※有効期限の定めはない ※未成年者自身が作成した特別受益証明書に未成年者の印鑑証明書を添付できる（昭40・9・21民甲2821）
□相続関係説明図	□被相続人の登記簿上の住所・最後の住所・死亡日・氏名の記載はあるか □相続人の住所・氏名・生年月日の記載はあるか □被相続人より先に死亡した相続人がいる場合、その人の死亡年月日の記載はあるか

	※相続関係説明図を添付する場合、被相続人の戸籍（除籍）謄本（全部事項証明書）、被相続人の住民票除票又は戸籍の除附票、相続人全員の戸籍謄本（全部事項証明書）の原本還付が受けられる
□法定相続情報一覧図	□申出人の記載がされているか □被相続人の最後の住所が「被相続人の住民票の除票、又は戸籍の除附票」に記載されているものと完全に符合しているか □最後の住所が確認できない場合、「最後の本籍地」を記載しているか □相続人の生年月日・被相続人との続柄・氏名を記載しているか ※各相続人の住所を記載する場合、相続人の住所証明情報が必要 □作成日の表示と作成者の署名（記名押印）があるか □用紙の下方向に余白があるか ※この余白に登記官の記名押印が入る ※この法定相続情報一覧図を添付すると被相続人の戸籍謄本、住民票除票、相続人の戸籍謄本の提供は不要 ＜列挙表示の場合＞ □嫡出子と嫡出でない子、全血の兄弟姉妹と半血の兄弟姉妹を区別して表記しない場合、法定相続分の疎明資料を用意したか
□不動産を取得する相続人の住民票の写し（住所証明情報）	□不動産の名義を取得する相続人の住民票はあるか（名義を取得しない相続人の分は不要） ※住民票コードを作成した場合は省略できる

第1章　所有権に関する登記　　　37

□代理権限証明情報	□委任された内容は特定されているか ※認印でよい ※保存行為として特定の相続人からの申請の場合に、申請人とならなかった他の相続人には登記識別情報が通知されないので注意が必要
□固定資産評価証明書	□最新年度のものとなっているか □地積等、面積は登記簿上のものと符合しているか

〔9〕 特別受益者を除いて遺産分割協議をした場合

　共同相続人中に、被相続人から遺贈を受け、又は婚姻、養子縁組のため、若しくは生計の資本として贈与を受けた者を特別受益者といい（民903①）、自分の法定相続分以上の財産を受け取っている場合、原則、財産を相続する権利はありません。

　しかし、特別受益により財産を相続する権利がないといっても、相続人の地位は有しているため、遺産分割協議に参加する権利は有しています。そのため、特別受益者を除外して行った遺産分割協議は効力を生じません（登研507・198）。

　ただし、特別受益者から「相続分のないことを証する書面」（特別受益証明書）を作成してもらうことにより、特別受益者を除いたその他の相続人全員で遺産分割協議を行い、登記申請を行うことができます。

　なお、特別受益により相続分がないこととなっても相続人の地位は有しています。そのため、債務等のマイナスの財産は相続することになるので注意が必要です。

　必要な添付情報は、以下になります。

① 　登記原因証明情報（被相続人の戸籍（除籍）謄本（全部事項証明書）、被相続人の住民票の除票又は戸籍の除附票、相続人全員の戸籍謄本（全部事項証明書）、特別受益証明書（印鑑証明書添付）、遺産分割協議書（印鑑証明書添付）、相続関係説明図又は法定相続情報一覧図）

② 　不動産を取得する相続人の住民票の写し（住所証明情報）

③ 　代理権限証明情報

④ 　固定資産評価証明書

第1章 所有権に関する登記　　39

添付情報のチェックポイント

添付情報	確 認 事 項
□登記原因証明情報	
□被相続人の戸籍（除籍）謄本（全部事項証明書）	□出生から死亡までの本籍地が記載された戸籍（除籍、改製原戸籍）謄本が揃っているか
出生まで遡れない場合	□除籍等の謄本を交付することができない旨の市町村の証明書は添付されているか ※「他に相続人はいない」旨の上申書は添付不要（平28・3・11民二219）
□被相続人の住民票の除票又は戸籍の除附票	□被相続人の死亡時の住所が記載されているもので登記簿上の住所と符合しているか
登記簿上の住所と符合しない場合	
□「被相続人と登記簿上の所有者の同一性」についての上申書	□相続人全員からの上申書及び印鑑証明書が添付されているか ※印鑑証明書は作成から3か月以上経過していてもよい
□登記識別情報又は登記済証	□被相続人名義の権利の受付年月日及び受付番号が符合しているか ※本書を添付した場合、以下の2つの書面の添付は不要（登研152・49、747・56）
□固定資産税評価額等証明書又は納税証明書	□登記簿上の被相続人の住所氏名が記載されているか

□登記簿上の所有者についての不在籍不在住証明書	□登記簿上の住所に被相続人が住所及び本籍地を有していないことが分かるものか
□相続人全員の戸籍謄本（全部事項証明書）	□被相続人の死亡日以降に取得されたものか □配偶者である場合は婚姻事項の記載があるか □子（嫡出子）である場合は、出生事項に嫡出子の記載はあるか □非嫡出子の場合、認知事項が記載されているか ※相続人が被相続人と同じ戸籍に入っていて「被相続人の戸籍謄本」に相続人も掲載されている場合添付は不要
□特別受益証明書	□被相続人の氏名、本籍、死亡年月日の記載はあるか □自身の相続分についての記載があるか ※実印の押印が必要 □印鑑証明書が添付されているか □添付した印鑑証明書は相続人の戸籍謄本（全部事項証明書）と氏名、生年月日が同一であるか（昭43・3・28民三114） ※有効期限の定めはない ※未成年者自身が作成した特別受益証明書に未成年者の印鑑証明書を添付できる（昭40・9・21民甲2821）
□遺産分割協議書	□相続人全員の署名・押印（実印）があるか □被相続人の最後の住所・氏名・死亡年月日が記載されているか □不動産の表示が登記簿と符合しているか ※不動産の地目・地積・種類・構造・床面積等は記載しなくても差し支えない ※被相続人が未登記不動産を所有している可能性

第 1 章　所有権に関する登記　　　　　　　41

		があるため、課税明細書等で確認し、所有不動産の記載漏れのないようにする □印鑑証明書が添付されているか □添付した印鑑証明書と相続人の戸籍謄本（全部事項証明書）の氏名、生年月日が同一であるか 　　（昭43・3・28民三114） ※申請人以外の者の印鑑証明書が必要（昭30・4・23民甲742） ※遺産分割協議書が公正証書で作成されていれば印鑑証明書は不要 ※有効期限はなく、被相続人の死亡日以前の日付でも問題ない
	代償分割の場合	□分割の対象となる財産、分与の対象者、分与割合は明示されているか
	換価分割の場合	□分割の対象となる財産は明示されているか □換価後財産の取得割合は明示されているか □財産を換価するまでの管理方法・管理費用は明示されているか
□相続関係説明図		□被相続人の登記簿上の住所・最後の住所・死亡日・氏名の記載はあるか □相続人の住所・氏名・生年月日の記載はあるか □被相続人より先に死亡した相続人がいる場合、その人の死亡年月日の記載はあるか ※相続関係説明図を添付する場合、被相続人の戸籍（除籍）謄本（全部事項証明書）、被相続人の住民票除票又は戸籍の除附票、相続人全員の戸籍謄本（全部事項証明書）の原本還付が受けられる
□法定相続情報一覧図		□申出人の記載がされているか □被相続人の最後の住所が「被相続人の住民票の除票、又は戸籍の除附票」に記載されているものと完全に符合しているか

	□最後の住所が確認できない場合、「最後の本籍地」を記載しているか □相続人の生年月日・被相続人との続柄・氏名を記載しているか ※各相続人の住所を記載する場合、相続人の住所証明情報が必要 □作成日の表示と作成者の署名（記名押印）があるか □用紙の下方向に余白があるか ※この余白に登記官の記名押印が入る ※この法定相続情報一覧図を添付すると被相続人の戸籍謄本、住民票除票、相続人の戸籍謄本の提供は不要 ＜列挙表示の場合＞ □嫡出子と嫡出でない子、全血の兄弟姉妹と半血の兄弟姉妹を区別して表記しない場合、法定相続分の疎明資料を用意したか
□不動産を取得する相続人の住民票の写し（住所証明情報）	□不動産の名義を取得する相続人の住民票はあるか（名義を取得しない相続人の分は不要） ※住民票コードを作成した場合は省略できる
□代理権限証明情報	□委任された内容は特定されているか ※認印でよい ※保存行為として特定の相続人からの申請の場合に、申請人とならなかった他の相続人には登記識別情報が通知されないので注意が必要
□固定資産評価証明書	□最新年度のものとなっているか □地積等、面積は登記簿上のものと符合しているか

〔10〕 相続放棄者がある場合

　相続人は、自分に相続があったことを知ってから3か月以内に家庭裁判所に申述することにより、相続を放棄することができ（民915・938）、始めから相続人とならなかったものとみなされます（民939）。

　これにより、放棄者は遡及的に相続人とならなかったものとなるので、他の共同相続人の相続分が変動することとなります。なお、相続放棄は代襲原因ともなっていません（民887）。また、相続放棄者は遺産分割協議の当事者ともなりません。

　相続人として二重の地位を持っている場合（例：兄弟間の相続で、弟が兄の養子になっている）、養子の立場で相続放棄した場合には弟の立場でも相続放棄の効力が及ぶこととなります（昭32・1・10民甲61）。

　親権者がその親権に服する子を代理して相続放棄する場合、同時か先に相続放棄をしている場合は利益相反行為には該当しないと解されています（最判昭53・2・24判時881・103）。

　必要な添付情報は、以下になります。

① 登記原因証明情報（被相続人の戸籍（除籍）謄本（全部事項証明書）、被相続人の住民票の除票又は戸籍の除附票、相続人全員の戸籍謄本（全部事項証明書）、相続放棄申述受理証明書又は相続放棄受理通知書、相続関係説明図又は法定相続情報一覧図）

② 不動産を取得する相続人の住民票の写し（住所証明情報）

③ 代理権限証明情報

④ 固定資産評価証明書

第1章　所有権に関する登記

```
╭─────────────────────────────────────────╮
│          添付情報のチェックポイント            │
╰─────────────────────────────────────────╯
```

添付情報	確 認 事 項
□登記原因証明情報	
□被相続人の戸籍 （除籍）謄本（全 部事項証明書）	□出生から死亡までの本籍地が記載された戸籍 （除籍、改製原戸籍）謄本が揃っているか
出生まで遡れな い場合	□除籍等の謄本を交付することができない旨の市 町村の証明書は添付されているか ※「他に相続人はいない」旨の上申書は添付不要 （平28・3・11民二219）
□被相続人の住民 票の除票又は戸 籍の除附票	□被相続人の死亡時の住所が記載されているもの で登記簿上の住所と符合しているか
登記簿上の住所と符合しない場合	
□「被相続人と 登記簿上の所 有者の同一 性」について の上申書	□相続人全員からの上申書及び印鑑証明書が添付 されているか ※印鑑証明書は作成から3か月以上経過していて もよい
□登記識別情報 又は登記済証	□被相続人名義の権利の受付年月日及び受付番号 が符合しているか ※本書を添付した場合、以下の2つの書面の添付 は不要（登研152・49、747・56）
□固定資産税評 価額等証明書 又は納税証明 書	□登記簿上の被相続人の住所氏名が記載されてい るか
□登記簿上の所	□登記簿上の住所に被相続人が住所及び本籍地を

有者についての不在籍不在住証明書	有していないことが分かるものか
□相続人全員の戸籍謄本（全部事項証明書）	□被相続人の死亡日以降に取得されたものか □配偶者である場合は婚姻事項の記載があるか □子（嫡出子）である場合は、出生事項に嫡出子の記載はあるか □非嫡出子の場合、認知事項が記載されているか ※相続人が被相続人と同じ戸籍に入っていて「被相続人の戸籍謄本」に相続人も掲載されている場合添付は不要
□相続放棄申述受理証明書又は相続放棄受理通知書	□被相続人の記載があるか □申述者（相続放棄者）の記載があるか
□相続関係説明図	□被相続人の登記簿上の住所・最後の住所・死亡日・氏名の記載はあるか □相続人の住所・氏名・生年月日の記載はあるか □被相続人より先に死亡した相続人がいる場合、その人の死亡年月日の記載はあるか ※相続関係説明図を添付する場合、被相続人の戸籍（除籍）謄本（全部事項証明書）、被相続人の住民票除票又は戸籍の除附票、相続人全員の戸籍謄本（全部事項証明書）の原本還付が受けられる □相続放棄者の氏名の横に「相続放棄」と記載されているか
□法定相続情報一覧図	□申出人の記載がされているか □被相続人の最後の住所が「被相続人の住民票の除票、又は戸籍の除附票」に記載されているも

		のと完全に符合しているか
		□最後の住所が確認できない場合、「最後の本籍地」を記載しているか
		□相続人の生年月日・被相続人との続柄・氏名を記載しているか
		※各相続人の住所を記載する場合、相続人の住所証明情報が必要
		□作成日の表示と作成者の署名（記名押印）があるか
		□用紙の下方向に余白があるか
		※この余白に登記官の記名押印が入る
		※この法定相続情報一覧図を添付すると被相続人の戸籍謄本、住民票除票、相続人の戸籍謄本の提供は不要
		＜列挙表示の場合＞
		□嫡出子と嫡出でない子、全血の兄弟姉妹と半血の兄弟姉妹を区別して表記しない場合、法定相続分の疎明資料を用意したか
	□不動産を取得する相続人の住民票の写し（住所証明情報）	□不動産の名義を取得する相続人の住民票はあるか（名義を取得しない相続人の分は不要） ※住民票コードを作成した場合は省略できる
	□代理権限証明情報	□委任された内容は特定されているか ※認印でよい ※名義を取得する相続人からの委任状がないと委任状を出されなかった相続人の登記識別情報が通知されないので注意が必要
	□固定資産評価証明書	□最新年度のものとなっているか □地積等、面積は登記簿上のものと符合しているか

第1章 所有権に関する登記　　47

〔11〕 廃除された者がある場合

　遺留分を有する推定相続人を、被相続人本人が家庭裁判所に請求することによりその者の相続権を奪う制度を推定相続人の廃除といい（民892）、生前だけでなく、遺言によることも可能です（民893）。

　推定相続人の廃除を行うためには、被相続人に対する虐待、重大な侮辱、その他の著しい非行があったことが必要です（民892）。ただし、兄弟姉妹は推定相続人から廃除することはできません。元々遺留分を有していないためです。

　廃除の効果は廃除の審判が確定することにより発生し、相続発生時に遡って相続権を失うことになります。

　相続人は廃除されることにより、遺留分まで失われることになります。しかし、相続権、遺留分が失われたとしても、受遺能力まで失われたわけではないので被相続人から遺贈を受けることは可能です。

　推定相続人の廃除は戸籍に記載されるため、戸籍を確認する過程で判断することが可能です。しかし、廃除は代襲原因となるため、廃除された相続人に直系卑属等が存在している場合は注意が必要です（民887）。

　必要な添付情報は、以下になります。

① 登記原因証明情報（被相続人の戸籍（除籍）謄本（全部事項証明書）、被相続人の住民票の除票又は戸籍の除附票、相続人全員の戸籍謄本（全部事項証明書）、相続関係説明図又は法定相続情報一覧図）
② 不動産を取得する相続人の住民票の写し（住所証明情報）
③ 代理権限証明情報
④ 固定資産評価証明書

48　　第1章　所有権に関する登記

添付情報のチェックポイント

添付情報	確　認　事　項
□登記原因証明情報	
□被相続人の戸籍（除籍）謄本（全部事項証明書）	□出生から死亡までの本籍地が記載された戸籍（除籍、改製原戸籍）謄本が揃っているか
出生まで遡れない場合	□除籍等の謄本を交付することができない旨の市町村の証明書は添付されているか ※「他に相続人はいない」旨の上申書は添付不要（平28・3・11民二219）
□被相続人の住民票の除票又は戸籍の除附票	□被相続人の死亡時の住所が記載されているもので登記簿上の住所と符合しているか
登記簿上の住所と符合しない場合	
□「被相続人と登記簿上の所有者の同一性」についての上申書	□相続人全員からの上申書及び印鑑証明書が添付されているか ※印鑑証明書は作成から3か月以上経過していてもよい
□登記識別情報又は登記済証	□被相続人名義の権利の受付年月日及び受付番号が符合しているか ※本書を添付した場合、以下の2つの書面の添付は不要（登研152・49、747・56）
□固定資産税評価額等証明書又は納税証明書	□登記簿上の被相続人の住所氏名が記載されているか

第1章　所有権に関する登記　　49

□登記簿上の所有者についての不在籍不在住証明書	□登記簿上の住所に被相続人が住所及び本籍地を有していないことが分かるものか
□相続人全員の戸籍謄本（全部事項証明書）	□被相続人の死亡日以降に取得されたものであるか □配偶者である場合は婚姻事項の記載があるか □子（嫡出子）である場合は、出生事項に嫡出子の記載はあるか □非嫡出子の場合、認知事項が記載されているか ※相続人が被相続人と同じ戸籍に入っていて「被相続人の戸籍謄本」に相続人も掲載されている場合添付は不要 ※廃除者の戸籍には廃除されたことが記載されている（戸籍97）
□相続関係説明図	□被相続人の登記簿上の住所・最後の住所・死亡日・氏名の記載はあるか □相続人の住所・氏名・生年月日の記載はあるか □被相続人より先に死亡した相続人がいる場合、その人の死亡年月日の記載はあるか ※相続関係説明図を添付する場合、被相続人の戸籍（除籍）謄本（全部事項証明書）、被相続人の住民票除票又は戸籍の除附票、相続人全員の戸籍謄本（全部事項証明書）の原本還付が受けられる □廃除者の氏名の横に「廃除」と記載されているか
□法定相続情報一覧図	□申出人の記載がされているか □被相続人の最後の住所が「被相続人の住民票の除票、又は戸籍の除附票」に記載されているも

	のと完全に符合しているか □最後の住所が確認できない場合、「最後の本籍地」を記載しているか □相続人の生年月日・被相続人との続柄・氏名を記載しているか ※各相続人の住所を記載する場合、相続人の住所証明情報が必要 □作成日の表示と作成者の署名（記名押印）があるか □用紙の下方向に余白があるか ※この余白に登記官の記名押印が入る ※この法定相続情報一覧図を添付すると被相続人の戸籍謄本、住民票除票、相続人の戸籍謄本の提供は不要 ＜列挙表示の場合＞ □嫡出子と嫡出でない子、全血の兄弟姉妹と半血の兄弟姉妹を区別して表記しない場合、法定相続分の疎明資料を用意したか
□不動産を取得する相続人の住民票の写し（住所証明情報）	□不動産の名義を取得する相続人の住民票はあるか（名義を取得しない相続人の分は不要） ※住民票コードを作成した場合は省略できる
□代理権限証明情報	□委任された内容は特定されているか ※認印でよい ※名義を取得する相続人からの委任状がないと委任状を出されなかった相続人の登記識別情報が通知されないので注意が必要
□固定資産評価証明書	□最新年度のものとなっているか □地積等、面積は登記簿上のものと符合しているか

第1章　所有権に関する登記　　51

〔12〕　相続欠格者がある場合

　相続人の地位にあるものが被相続人を死亡させた等、相続させることが一般的にふさわしくない事情がある場合、その者は相続欠格となり、法律上当然に相続権を失うこととなります（民891一～五）。

　相続欠格の事由に該当すれば当然に相続権を失うこととなるため家庭裁判所の審判を得るなどの手続は一切不要です。また、遺留分もなくなり、受遺能力もなくなるため、遺留分減殺請求、遺贈を受けることもできません。そして、その効果は相続開始時に遡ります。

　相続欠格は相続人に対する法律上の制裁であるため、被相続人が自分の意思で相続欠格該当者を許して相続させる意思表示をしたとしても、相続欠格者の相続権は回復しません。しかし、相続欠格の効力は相対的効力であるため（民887②）、他の被相続人からの相続権までなくなることではありません。

　そして、相続欠格は代襲原因となるため、相続欠格事由に該当した相続人に直系卑属等が存在している場合は注意が必要です（民887）。

　必要な添付情報は、以下になります。

① 　登記原因証明情報（被相続人の戸籍（除籍）謄本（全部事項証明書）、被相続人の住民票の除票又は戸籍の除附票、相続人全員の戸籍謄本（全部事項証明書）、相続欠格に該当したことを証する書面又は欠格事由を証する確定判決の謄本、相続関係説明図又は法定相続情報一覧図）

② 　不動産を取得する相続人の住民票の写し（住所証明情報）

③ 　代理権限証明情報

④ 　固定資産評価証明書

添付情報のチェックポイント

添付情報	確認事項
□登記原因証明情報	
□被相続人の戸籍（除籍）謄本（全部事項証明書）	□出生から死亡までの本籍地が記載された戸籍（除籍、改製原戸籍）謄本が揃っているか
出生まで遡れない場合	□除籍等の謄本を交付することができない旨の市町村の証明書は添付されているか ※「他に相続人はいない」旨の上申書は添付不要（平28・3・11民二219）
□被相続人の住民票の除票又は戸籍の除附票	□被相続人の死亡時の住所が記載されているもので登記簿上の住所と符合しているか
登記簿上の住所と符合しない場合	
□「被相続人と登記簿上の所有者の同一性」についての上申書	□相続人全員からの上申書及び印鑑証明書が添付されているか ※印鑑証明書は作成から3か月以上経過していてもよい
□登記識別情報又は登記済証	□被相続人名義の権利の受付年月日及び受付番号が符合しているか ※本書を添付した場合、以下の2つの書面の添付は不要（登研152・49，747・56）
□固定資産税評価額等証明書又は納税証明書	□登記簿上の被相続人の住所氏名が記載されているか

第 1 章　所有権に関する登記　　　53

□登記簿上の所有者についての不在籍不在住証明書	□登記簿上の住所に被相続人が住所及び本籍地を有していないことが分かるものか
□相続人全員の戸籍謄本（全部事項証明書）	□被相続人の死亡日以降に取得されたものであるか □配偶者である場合は婚姻事項の記載があるか □子（嫡出子）である場合は、出生事項に嫡出子の記載はあるか □非嫡出子の場合、認知事項が記載されているか ※相続人が被相続人と同じ戸籍に入っていて「被相続人の戸籍謄本」に相続人も掲載されている場合添付は不要

下記どちらかが必要（昭33・1・10民甲4）

□相続欠格に該当したことを証する書面	□欠格者の作成した書面であるか □当該欠格者の印鑑証明書が添付されているか
□欠格事由を証する確定判決の謄本	□欠格者の相続権不存在の確認又は欠格者が民法891条に規定する欠格事由に該当する刑事裁判がされている場合の裁判所の謄本となっているか ※検察事務官の証明に係る刑事裁判事件の判決書の内容の要旨及び判決が確定した旨が記載された書面は欠格事由を証する書面として取り扱うことができる（登研634・149）
□相続関係説明図	□被相続人の登記簿上の住所・最後の住所・死亡日・氏名の記載はあるか □相続人の住所・氏名・生年月日の記載はあるか □被相続人より先に死亡した相続人がいる場合、

	その人の死亡年月日の記載はあるか ※相続関係説明図を添付する場合、被相続人の戸籍（除籍）謄本（全部事項証明書）、被相続人の住民票除票又は戸籍の除附票、相続人全員の戸籍謄本（全部事項証明書）の原本還付が受けられる ☐欠格者の氏名の横に「欠格」と記載されているか
☐法定相続情報一覧図	☐申出人の記載がされているか ☐被相続人の最後の住所が「被相続人の住民票の除票、又は戸籍の除附票」に記載されているものと完全に符合しているか ☐最後の住所が確認できない場合、「最後の本籍地」を記載しているか ☐相続人の生年月日・被相続人との続柄・氏名を記載しているか ※各相続人の住所を記載する場合、相続人の住所証明情報が必要 ☐作成日の表示と作成者の署名（記名押印）があるか ☐用紙の下方向に余白があるか ※この余白に登記官の記名押印が入る ※この法定相続情報一覧図を添付すると被相続人の戸籍謄本、住民票除票、相続人の戸籍謄本の提供は不要 ＜列挙表示の場合＞ ☐嫡出子と嫡出でない子、全血の兄弟姉妹と半血の兄弟姉妹を区別して表記しない場合、法定相続分の疎明資料を用意したか
☐不動産を取得する相続人の住民票の	☐不動産の名義を取得する相続人の住民票はあるか（名義を取得しない相続人の分は不要）

第1章　所有権に関する登記　　55

写し（住所証明情報）	※住民票コードを作成した場合は省略できる
□代理権限証明情報	□委任された内容は特定されているか ※認印でよい ※名義を取得する相続人からの委任状がないと委任状を出されなかった相続人の登記識別情報が通知されないので注意が必要
□固定資産評価証明書	□最新年度のものとなっているか □地積等、面積は登記簿上のものと符合しているか

56　　　　　第1章　所有権に関する登記

---

〔13〕　共同相続人の一部につき寄与分が定められた場合

　共同相続人中に被相続人の財産の増加に特別の寄与をした者がいる時は、その寄与した者の本来の相続分に一定の加算をして相続分の調整を図ります。

　具体的には、①被相続人の有していた財産からその寄与分を控除し、②その控除後の財産額を法定相続分、又は、指定相続分に従い分配、③寄与者については①の控除分を加算して各自の相続分を算出します。

　寄与分の取り分については原則、遺産分割協議として定めることになります。しかし、共同相続人間で寄与分の協議がまとまらないときには、家庭裁判所に調停又は審判を申し立てることができます。

　法定相続分による相続登記後に寄与分協議がまとまった場合、「錯誤」を原因として所有権更正登記を申請することとなります（昭55・12・20民三7145）。なお、相続登記がされていなければ寄与分協議後の内容にて相続登記を申請することが可能です。

　必要な添付情報は、以下になります。

① 　登記原因証明情報（被相続人の戸籍（除籍）謄本（全部事項証明書）、被相続人の住民票の除票又は戸籍の除附票、相続人全員の戸籍謄本（全部事項証明書）、遺産分割協議書（印鑑証明書添付）、遺産分割調停調書又は遺産分割審判書、相続関係説明図又は法定相続情報一覧図）

② 　不動産を取得する相続人の住民票の写し（住所証明情報）

③ 　代理権限証明情報

④ 　固定資産評価証明書

第1章　所有権に関する登記　　57

```
╭─────────────────────────────────────────────╮
│          添付情報のチェックポイント           │
╰─────────────────────────────────────────────╯
```

添付情報	確　認　事　項
□登記原因証明情報	
□被相続人の戸籍（除籍）謄本（全部事項証明書）	□出生から死亡までの本籍地が記載された戸籍（除籍、改製原戸籍）謄本が揃っているか
出生まで遡れない場合	□除籍等の謄本を交付することができない旨の市町村の証明書は添付されているか ※「他に相続人はいない」旨の上申書は添付不要（平28・3・11民二219）
□被相続人の住民票の除票又は戸籍の除附票	□被相続人の死亡時の住所が記載されているもので登記簿上の住所と符合しているか
登記簿上の住所と符合しない場合	
□「被相続人と登記簿上の所有者の同一性」についての上申書	□相続人全員からの上申書及び印鑑証明書が添付されているか ※印鑑証明書は作成から3か月以上経過していてもよい
□登記識別情報又は登記済証	□被相続人名義の権利の受付年月日及び受付番号が符合しているか ※本書を添付した場合、以下の2つの書面の添付は不要（登研152・49、747・56）
□固定資産税評価額等証明書又は納税証明書	□登記簿上の被相続人の住所氏名が記載されているか

□登記簿上の所有者についての不在籍不在住証明書	□登記簿上の住所に被相続人が住所及び本籍地を有していないことが分かるものか
□相続人全員の戸籍謄本（全部事項証明書）	□被相続人の死亡日以降に取得されたものか □配偶者である場合は婚姻事項の記載があるか □子（嫡出子）である場合は、出生事項に嫡出子の記載はあるか □非嫡出子の場合、認知事項が記載されているか ※相続人が被相続人と同じ戸籍に入っていて「被相続人の戸籍謄本」に相続人も掲載されている場合、添付は不要となる
□遺産分割協議書	□相続人全員の署名・押印（実印）があるか □被相続人の最後の住所・氏名・死亡年月日が記載されているか □不動産の表示が登記簿と符合しているか ※不動産の地目・地積・種類・構造・床面積等は記載しなくても差し支えない ※被相続人が未登記不動産を所有している可能性があるため、課税明細書等で確認し、所有不動産の記載漏れのないようにする ※寄与分は遺産分割の前提として定められるため、遺産分割協議書に必ずしも寄与分に関する事項を記載する必要はない □印鑑証明書は添付されているか ※申請人以外の者の印鑑証明書が必要（昭30・4・23民甲742） □添付した印鑑証明書と相続人の戸籍謄本（全部事項証明書）の氏名、生年月日が同一であるか（昭43・3・28民三114）

		※遺産分割協議書が公正証書で作成されていれば印鑑証明書は不要 ※有効期限はなく、被相続人の死亡日以前の日付でも問題ない
	代償分割の場合	□分割の対象となる財産、分与の対象者、分与割合は明示されているか
	換価分割の場合	□分割の対象となる財産は明示されているか □換価後財産の取得割合は明示されているか □財産を換価するまでの管理方法・管理費用は明示されているか
	□遺産分割調停調書又は遺産分割審判書	□正本又は謄本が添付されているか ※審判書の場合、確定証明書も必要 ※家庭裁判所に調停又は審判を申し立てた場合に必要となる
	□相続関係説明図	□被相続人の登記簿上の住所・最後の住所・死亡日・氏名の記載はあるか □相続人の住所・氏名・生年月日の記載はあるか □被相続人より先に死亡した相続人がいる場合、その人の死亡年月日の記載はあるか ※相続関係説明図を添付する場合、被相続人の戸籍（除籍）謄本（全部事項証明書）、被相続人の住民票除票又は戸籍の除附票、相続人全員の戸籍謄本（全部事項証明書）の原本還付が受けられる
	□法定相続情報一覧図	□申出人の記載がされているか □被相続人の最後の住所が「被相続人の住民票の除票、又は戸籍の除附票」に記載されているものと完全に符合しているか □最後の住所が確認できない場合、「最後の本籍地」を記載しているか

	□相続人の生年月日・被相続人との続柄・氏名を記載しているか ※各相続人の住所を記載する場合、相続人の住所証明情報が必要 □作成日の表示と作成者の署名（記名押印）があるか □用紙の下方向に余白があるか ※この余白に登記官の記名押印が入る ※この法定相続情報一覧図を添付すると被相続人の戸籍謄本、住民票除票、相続人の戸籍謄本の提供は不要 ＜列挙表示の場合＞ □嫡出子と嫡出でない子、全血の兄弟姉妹と半血の兄弟姉妹を区別して表記しない場合、法定相続分の疎明資料を用意したか
□不動産を取得する相続人の住民票の写し（住所証明情報）	□不動産の名義を取得する相続人の住民票はあるか（名義を取得しない相続人の分は不要） ※住民票コードを作成した場合は省略できる
□代理権限証明情報	□委任された内容は特定されているか ※認印でよい ※保存行為として特定の相続人からの申請の場合に、申請人とならなかった他の相続人には登記識別情報が通知されないので注意が必要 ※日付は遺産分割協議成立日以後であること
□固定資産評価証明書	□最新年度のものとなっているか □地積等、面積は登記簿上のものと符合しているか

〔14〕 代襲相続の場合

　被相続人が死亡するよりも前に相続人が死亡・廃除・欠格事由に該当した場合、その者の子がこれを代襲して相続人になります（民887②・889①二②）。これを代襲相続といいます。相続放棄は代襲原因に含まれていません。

　代襲相続は、親から子への相続の場合、子が先に死亡していれば孫が相続し、孫にも代襲原因が存在していればその子が相続するという流れになります（民887③）。なお、兄弟姉妹間の相続においては一度しか代襲されないため注意が必要です（民889②）。

　この代襲相続は養子縁組でも発生します。しかし、養子の子供が被相続人を代襲するためには、養子縁組後に出生したことが必要です。養子縁組の時点で養子に子供がいた場合、その養子の子供は被相続人を代襲しません（昭28・5・8民甲780）。

　なお、父親が子の出生後に妻の父と養子縁組を行い、子が被相続人（妻の父）の孫に当たる場合、この子は被相続人（妻の父）に対し、直系卑属としての身分を有しているため、代襲相続の原因となります（昭35・8・5民甲1997）。

　必要な添付情報は、以下になります。

①　登記原因証明情報（被相続人の戸籍（除籍）謄本（全部事項証明書）、被代襲者の戸籍（除籍）謄本（全部事項証明書）、被相続人の住民票の除票又は戸籍の除附票、相続人全員の戸籍謄本（全部事項証明書）、相続関係説明図又は法定相続情報一覧図）

②　不動産を取得する相続人の住民票の写し（住所証明情報）

③　代理権限証明情報

④　固定資産評価証明書

62　　　第1章　所有権に関する登記

添付情報のチェックポイント

添付情報	確 認 事 項
□登記原因証明情報	
□被相続人の戸籍（除籍）謄本(全部事項証明書)	□出生から死亡までの本籍地が記載された戸籍（除籍、改製原戸籍）謄本が揃っているか □兄弟姉妹間の相続の場合、両親の出生から死亡までの本籍地が記載された戸籍（除籍、改製原戸籍）謄本が揃っているか
出生まで遡れない場合	□除籍等の謄本を交付することができない旨の市町村の証明書は添付されているか ※「他に相続人はいない」旨の上申書は添付不要（平28・3・11民二219）
□被代襲者の戸籍（除籍）謄本(全部事項証明書)	□出生から死亡までの本籍地が記載された戸籍（除籍、改製原戸籍）謄本が揃っているか ※被相続人の戸籍等と重複している場合は1通で可 ※再代襲も代襲と同じ要領
出生まで遡れない場合	□除籍等の謄本を交付することができない旨の市町村の証明書は添付されているか ※「他に相続人はいない」旨の上申書は添付不要（平28・3・11民二219）
□被相続人の住民票の除票又は戸籍の除附票	□被相続人の死亡時の住所が記載されているもので登記簿上の住所と符合しているか
登記簿上の住所と符合しない場合	
□「被相続人と登記簿上の所	□相続人全員からの上申書及び印鑑証明書が添付されているか

第1章　所有権に関する登記　　63

有者の同一性」についての上申書	※印鑑証明書は作成から3か月以上経過していてもよい
□登記識別情報又は登記済証	□被相続人名義の権利の受付年月日及び受付番号が符合しているか ※本書を添付した場合、以下の2つの書面の添付は不要（登研152・49、747・56）
□固定資産税評価額等証明書又は納税証明書	□登記簿上の被相続人の住所氏名が記載されているか
□登記簿上の所有者についての不在籍不在住証明書	□登記簿上の住所に被相続人が住所及び本籍地を有していないことが分かるものか
□相続人全員の戸籍謄本（全部事項証明書）	□被相続人の死亡日以降に取得されたものであるか □配偶者である場合は婚姻事項の記載があるか □子（嫡出子）である場合は、出生事項に嫡出子の記載はあるか □非嫡出子の場合、認知事項が記載されているか □代襲相続人の戸籍が含まれているか ※被代襲相続人が養子の場合、被代襲相続人の養子縁組時期、代襲相続人の出生時期に注意 ※相続人が被相続人と同じ戸籍に入っていて「被相続人の戸籍謄本」に相続人も掲載されている場合添付は不要
□相続関係説明図	□被相続人の登記簿上の住所・最後の住所・死亡日・氏名の記載はあるか □相続人の住所・氏名・生年月日の記載はあるか

		□被相続人より先に死亡した相続人がいる場合、その人の死亡年月日の記載はあるか ※相続関係説明図を添付する場合、被相続人の戸籍（除籍）謄本（全部事項証明書）、被相続人の住民票除票又は戸籍の除附票、相続人全員の戸籍謄本（全部事項証明書）の原本還付が受けられる
	□法定相続情報一覧図	□申出人の記載がされているか □被相続人の最後の住所が「被相続人の住民票の除票、又は戸籍の除附票」に記載されているものと完全に符合しているか □最後の住所が確認できない場合、「最後の本籍地」を記載しているか □相続人の生年月日・被相続人との続柄・氏名を記載しているか ※各相続人の住所を記載する場合、相続人の住所証明情報が必要 □作成日の表示と作成者の署名（記名押印）があるか □用紙の下方向に余白があるか ※この余白に登記官の記名押印が入る ※この法定相続情報一覧図を添付すると被相続人の戸籍謄本、住民票除票、相続人の戸籍謄本の提供は不要 <列挙表示の場合> □嫡出子と嫡出でない子、全血の兄弟姉妹と半血の兄弟姉妹を区別して表記しない場合、法定相続分の疎明資料を用意したか
	□不動産を取得する相続人の住民票の写し（住所証明情報）	□不動産の名義を取得する相続人の住民票はあるか（名義を取得しない相続人の分は不要） ※住民票コードを作成した場合は省略できる

第1章　所有権に関する登記　　　65

□代理権限証明情報	□委任された内容は特定されているか ※認印でよい ※名義を取得する相続人からの委任状がないと委任状を出されなかった相続人の登記識別情報が通知されないので注意が必要
□固定資産評価証明書	□最新年度のものとなっているか □地積等、面積は登記簿上のものと符合しているか

〔15〕 数次相続の場合

被相続人の死亡後、その相続手続が完了しない間に相続人が死亡し、新たに相続が発生した場合のことを数次相続といいます。死亡の順番により代襲相続とは異なります。

被相続人Aの死亡後、相続人B、Cのうち、Bが死亡、Bの相続人がD、Eとした場合、D、EはBのAの相続人としての立場を相続しているため、C、D、EでDをAの相続人とする登記申請が可能です（昭29・5・22民甲1037）。

数次相続が発生した場合、中間の相続登記を省略することが認められる場合があります。これは中間者の相続が単独相続となる場合（遺産分割協議、相続放棄、特別受益による単独相続を含みます。）に限られ、この場合には中間相続原因及びその中間者の氏名を記載し、1件の申請で行うことができます（昭30・12・16民甲2670）。

なお、夫が死亡し、相続人が妻と子であり、妻が死亡した場合、夫から子に所有権移転登記をするためには、子を相続人とする遺産分割協議書又は妻の特別受益証明書等の添付が必要であり、添付しなければ夫から子への直接の所有権移転登記はできません（登研758・171）。

必要な添付情報は、以下になります。

① 登記原因証明情報（被相続人の戸籍（除籍）謄本（全部事項証明書）、数次被相続人の戸籍（除籍）謄本（全部事項証明書）、被相続人の住民票の除票又は戸籍の除附票、相続人全員の戸籍謄本（全部事項証明書）、遺産分割協議書（印鑑証明書添付）、相続関係説明図又は法定相続情報一覧図）

② 不動産を取得する相続人の住民票の写し（住所証明情報）

③ 代理権限証明情報

④ 固定資産評価証明書

第1章　所有権に関する登記　　　67

添付情報のチェックポイント

添付情報	確　認　事　項
□登記原因証明情報	
□被相続人の戸籍（除籍）謄本（全部事項証明書）	□出生から死亡までの本籍地が記載された戸籍（除籍、改製原戸籍）謄本が揃っているか □兄弟姉妹間の相続の場合、両親の出生から死亡までの本籍地が記載された戸籍（除籍、改製原戸籍）謄本が揃っているか □中間被相続人の出生から死亡までの本籍地が記載された戸籍（除籍、改製原戸籍）謄本が揃っているか
出生まで遡れない場合	□除籍等の謄本を交付することができない旨の市町村の証明書が添付されているか ※「他に相続人はいない」旨の上申書は添付不要（平28・3・11民二219）
□数次被相続人の戸籍（除籍）謄本（全部事項証明書）	※被相続人の戸籍（除籍）謄本（全部事項証明書）と同じ
□被相続人の住民票の除票又は戸籍の除附票	□被相続人の死亡時の住所が記載されているもので登記簿上の住所と符合しているか
登記簿上の住所と符合しない場合	
□「被相続人と登記簿上の所有者の同一性」についての上申書	□相続人全員からの上申書及び印鑑証明書が添付されているか ※印鑑証明書は作成から3か月以上経過していてもよい

□登記識別情報又は登記済証	□被相続人名義の権利の受付年月日及び受付番号が符合しているか ※本書を添付した場合、以下の2つの書面の添付は不要（登研152・49、747・56）
□固定資産税評価額等証明書又は納税証明書	□登記簿上の被相続人の住所氏名が記載されているか
□登記簿上の所有者についての不在籍不在住証明書	□登記簿上の住所に被相続人が住所及び本籍地を有していないことが分かるものか
□相続人全員の戸籍謄本（全部事項証明書）	□被相続人の死亡日以降に取得されたものか □配偶者である場合は婚姻事項の記載があるか □子（嫡出子）である場合は、出生事項に嫡出子の記載はあるか □非嫡出子の場合、認知事項が記載されているか
□遺産分割協議書	□相続人全員の署名・押印（実印）があるか ※数次相続人の署名は「A相続人B」のように記載 □被相続人及び中間被相続人の最後の住所・氏名・死亡年月日が記載されているか □不動産の表示が登記簿と符合しているか ※不動産の地目・地積・種類・構造・床面積等は記載しなくても差し支えない ※被相続人が未登記不動産を所有している可能性があるため、課税明細書等で確認し、所有不動産の記載漏れのないようにする □相続人全員の印鑑証明書は添付されているか

第1章 所有権に関する登記 69

	□申請人以外の者の印鑑証明書が添付されているか（昭30・4・23民甲742） □添付した印鑑証明書は相続人の戸籍謄本（全部事項証明書）と氏名、生年月日が同一であるか（昭43・3・28民三114） ※遺産分割協議書が公正証書で作成されていれば印鑑証明書は不要 ※有効期限はなく、被相続人の死亡日以前の日付でも問題ない
代償分割の場合	□分割の対象となる財産、分与の対象者、分与割合は明示されているか
換価分割の場合	□分割の対象となる財産は明示されているか □換価後財産の取得割合は明示されているか □財産を換価するまでの管理方法・管理費用は明示されているか
□相続関係説明図	□被相続人の登記簿上の住所・最後の住所・死亡日・氏名の記載はあるか □相続人の住所・氏名・生年月日の記載はあるか □被相続人より先に死亡した相続人がいる場合、その人の死亡年月日の記載はあるか ※被相続人の相続人でなくても中間被相続人の相続人であれば記載が必要 ※相続関係説明図を添付する場合、被相続人の戸籍（除籍）謄本（全部事項証明書）、被相続人の住民票除票又は戸籍の除附票、相続人全員の戸籍謄本（全部事項証明書）の原本還付が受けられる
□法定相続情報一覧図	□申出人の記載がされているか □被相続人の最後の住所が「被相続人の住民票の除票、又は戸籍の除附票」に記載されているも

	のと完全に符合しているか □最後の住所が確認できない場合、「最後の本籍地」を記載しているか □相続人の生年月日・被相続人との続柄・氏名を記載しているか ※各相続人の住所を記載する場合、相続人の住所証明情報が必要 □作成日の表示と作成者の署名（記名押印）があるか □用紙の下方向に余白があるか ※この余白に登記官の記名押印が入る ※この法定相続情報一覧図を添付すると被相続人の戸籍謄本、住民票除票、相続人の戸籍謄本の提供は不要 ＜列挙表示の場合＞ □嫡出子と嫡出でない子、全血の兄弟姉妹と半血の兄弟姉妹を区別して表記しない場合、法定相続分の疎明資料を用意したか
□不動産を取得する相続人の住民票の写し（住所証明情報）	□不動産の名義を取得する相続人の住民票はあるか（名義を取得しない相続人の分は不要） ※住民票コードを作成した場合は省略できる
□代理権限証明情報	□委任された内容は特定されているか ※認印でよい ※名義を取得する相続人からの委任状がないと委任状を出されなかった相続人の登記識別情報が通知されないので注意が必要
□固定資産評価証明書	□最新年度のものとなっているか □地積等、面積は登記簿上のものと符合しているか

第1章 所有権に関する登記 71

〔16〕 相続人に対して相続分を譲渡した者がある場合

　相続分の譲渡とは、遺産分割協議前に共同相続人が自己の相続分を他人に譲渡することをいいます。この相続分の譲受人は共同相続人の地位そのものを取得するため、遺産分割協議に参加することが可能となり、譲渡人は遺産分割請求権を失います（登研537・94）。

　共同相続人間で相続分の譲渡があった場合、相続登記がされていなければ「相続」を原因として所有権移転登記をすることができます。

　共同相続人以外の第三者に相続分が譲渡された場合、共同相続人へ相続登記をしてから相続分の譲渡による所有権移転登記を申請します。相続人でない者に直接相続登記をすることはできないからです。

　また、数次相続人間において相続分の譲渡があった場合は、相続による移転登記と相続分の売買又は贈与による移転登記を順次申請することとなります（平4・3・18民三1404）。

　必要な添付情報は、以下になります。

① 登記原因証明情報（被相続人の戸籍（除籍）謄本（全部事項証明書）、被相続人の住民票の除票又は戸籍の除附票、相続人全員の戸籍謄本（全部事項証明書）、遺産分割協議書（印鑑証明書添付）、相続関係説明図又は法定相続情報一覧図）

② 相続分譲渡証明書

③ 不動産を取得する相続人の住民票の写し（住所証明情報）

④ 代理権限証明情報

⑤ 固定資産評価証明書

第1章　所有権に関する登記

```
┌──────────────────────────────────────┐
│         添付情報のチェックポイント          │
└──────────────────────────────────────┘
```

添付情報	確 認 事 項
□登記原因証明情報	
□被相続人の戸籍（除籍）謄本（全部事項証明書）	□出生から死亡までの本籍地が記載された戸籍（除籍、改製原戸籍）謄本が揃っているか
出生まで遡れない場合	□除籍等の謄本を交付することができない旨の市町村の証明書は添付されているか ※「他に相続人はいない」旨の上申書は添付不要（平28・3・11民二219）
□被相続人の住民票の除票又は戸籍の除附票	□被相続人の死亡時の住所が記載されているもので登記簿上の住所と符合しているか
登記簿上の住所と符合しない場合	
□「被相続人と登記簿上の所有者の同一性」についての上申書	□相続人全員からの上申書及び印鑑証明書が添付されているか ※印鑑証明書は作成から3か月以上経過していてもよい
□登記識別情報又は登記済証	□被相続人名義の権利の受付年月日及び受付番号が符合しているか ※本書を添付した場合、以下の2つの書面の添付は不要となる（登研152・49、747・56）
□固定資産税評価額等証明書又は納税証明書	□登記簿上の被相続人の住所氏名が記載されているか

□登記簿上の所有者についての不在籍不在住証明書	□登記簿上の住所に被相続人が住所及び本籍地を有していないことが分かるものか
□相続人全員の戸籍謄本（全部事項証明書）	□被相続人の死亡日以降に取得されたものであるか □配偶者である場合は婚姻事項の記載があるか □子（嫡出子）である場合は、出生事項に嫡出子の記載はあるか □非嫡出子の場合、認知事項が記載されているか ※相続人が被相続人と同じ戸籍に入っていて「被相続人の戸籍謄本」に相続人も掲載されている場合、添付は不要となる
□遺産分割協議書	□相続人全員の署名・押印（実印）があるか □被相続人の最後の住所・氏名・死亡年月日が記載されているか □不動産の表示が登記簿と符合しているか ※不動産の地目・地積・種類・構造・床面積等は記載しなくても差し支えない ※被相続人が未登記不動産を所有している可能性があるため、課税明細書等で確認し、所有不動産の記載漏れのないようにする □相続人全員（譲渡人分も含む。）の印鑑証明書は添付されているか □申請人以外の者の印鑑証明書はあるか（昭30・4・23民甲742） □添付した印鑑証明書と相続人の戸籍謄本（全部事項証明書）の氏名、生年月日が同一であるか（昭43・3・28民三114） ※遺産分割協議書が公正証書で作成されていれば印鑑証明書は不要

		※有効期限はなく、被相続人の死亡日以前の日付でも問題ない ※相続登記後、相続分譲渡を原因として、所有権移転登記の際には、登記義務者としての印鑑証明書が別途必要
	代償分割の場合	□分割の対象となる財産、分与の対象者、分与割合は明示されているか
	換価分割の場合	□分割の対象となる財産は明示されているか □換価後財産の取得割合は明示されているか □財産を換価するまでの管理方法・管理費用は明示されているか
□相続関係説明図		□被相続人の登記簿上の住所・最後の住所・死亡日・氏名の記載はあるか □相続人の住所・氏名・生年月日の記載はあるか □被相続人より先に死亡した相続人がいる場合、その人の死亡年月日の記載はあるか ※相続関係説明図を添付する場合、被相続人の戸籍（除籍）謄本（全部事項証明書）、被相続人の住民票除票又は戸籍の除附票、相続人全員の戸籍謄本（全部事項証明書）の原本還付が受けられる
□法定相続情報一覧図		□申出人の記載がされているか □被相続人の最後の住所が「被相続人の住民票の除票、又は戸籍の除附票」に記載されているものと完全に符合しているか □最後の住所が確認できない場合、「最後の本籍地」を記載しているか □相続人の生年月日・被相続人との続柄・氏名を記載しているか ※各相続人の住所を記載する場合、相続人の住所証明情報が必要

	□作成日の表示と作成者の署名（記名押印）があるか □用紙の下方向に余白があるか ※この余白に登記官の記名押印が入る ※この法定相続情報一覧図を添付すると被相続人の戸籍謄本、住民票除票、相続人の戸籍謄本の提供は不要 ＜列挙表示の場合＞ □嫡出子と嫡出でない子、全血の兄弟姉妹と半血の兄弟姉妹を区別して表記しない場合、法定相続分の疎明資料を用意したか
□相続分譲渡証明書	□被相続人の最後の住所・氏名・死亡年月日が記載されているか □譲渡人、譲受人の住所氏名、譲渡年月日が記載されているか ※譲渡人は実印の捺印が必要
□不動産を取得する相続人の住民票の写し（住所証明情報）	□不動産の名義を取得する相続人の住民票はあるか（名義を取得しない相続人の分は不要） ※住民票コードを作成した場合は省略できる
□代理権限証明情報	□委任された内容は特定されているか ※認印でよい ※保存行為として特定の相続人からの申請の場合に、申請人とならなかった他の相続人には登記識別情報が通知されないので注意が必要 ※日付は遺産分割協議成立日以後であること
□固定資産評価証明書	□最新年度のものとなっているか □地積等、面積は登記簿上のものと符合しているか

76　　第1章　所有権に関する登記

〔17〕　遺留分減殺請求（共同申請）の場合

　遺留分減殺請求権の行使は裁判等の請求による必要はなく、その意思表示がなされた以上、法律上当然にその効力が生じますので、共同申請により遺留分減殺請求を原因とした所有権移転登記を行うには、その効力が生じていることを証する、登記原因証明情報の添付が必要です（不登令別表三十）。

　遺留分減殺請求権は、①遺留分権利者が被相続人の相続の開始及び減殺すべき贈与又は遺贈があったことを知ったときから1年以内か、又は②被相続人の相続開始の時から10年を経過するまでの間（除斥期間）に行使しなければ時効で消滅します（民1042）。効力を発生させるためには、それまでに遺留分権利者が遺留分減殺請求を受けた者に対してその意思表示を行い、これが遺留分減殺請求を受けた者に到達している必要があり、登記原因証明情報では上記が全て有効に成立していることが明記されている必要があります。

　被相続人から包括遺贈があり、その登記前に遺留分権利者が遺留分減殺請求権を行使した場合は、包括遺贈による所有権移転登記を経る必要がなく、直接遺留分権利者に「相続」を登記原因とする所有権移転登記をします（昭30・5・23民甲973）。一方、被相続人からの包括遺贈による所有権移転登記がなされた後に遺留分権利者が遺留分減殺請求権を行使した場合は、包括遺贈による所有権移転登記を抹消することなく、「遺留分減殺」を登記原因として所有権移転登記をします（昭30・5・23民甲973）。

　「遺留分減殺」を登記原因として所有権移転登記を行う場合に必要な添付情報は以下になります。なお、当該土地が農地の場合であっても、農地法の許可書の添付は不要です（農林水産省構造改善局農地制度実

第1章　所有権に関する登記　　　77

務研究会編著『逐条農地法』51頁（学陽書房、1996））。

　なお、平成30年7月13日に公布された改正民法により、遺留分減殺請求権の効力及び法的性質につき、権利の行使により物権的効果が生じるものから金銭債権（遺留分侵害額請求権）が発生するものと改められた（民1046）ため、本改正民法が施行された令和元年7月1日以降生じたものについては「遺留分減殺」を登記原因とした所有権移転登記が行われる余地がなくなるものと考えられます。

①　登記原因証明情報（遺留分減殺請求の意思表示があったことを証する配達証明付き内容証明郵便又は私文書及び登記権利者が遺留分権利者たる相続人であることを証する戸籍謄本）

②　相続証明情報（遺留分権利者たる相続人が登記権利者であることを示す戸籍謄（抄）本）

③　遺留分減殺請求を受けた者の登記識別情報又は登記済証

④　遺留分減殺請求権を行使した者の住民票の写し（住所証明情報）

⑤　遺留分減殺請求を受けた者の印鑑証明書

⑥　代理権限証明情報

⑦　固定資産評価証明書

添付情報のチェックポイント

添付情報	確 認 事 項
□登記原因証明情報	
□遺留分減殺請求の意思表示があったことを証する配達証明付き内容証明郵便又は私文書及び登	□遺留分減殺の効力が生じている要件が記載されているか □不動産の表示が登記簿と符合しているか □（私文書で作成する場合）現所有者の署名・捺印があるか ※実印を押印する必要はない

	記権利者が遺留分権利者たる相続人であることを証する戸籍謄本	
□相続証明情報		
	□遺留分権利者たる相続人が登記権利者であることを示す戸籍謄（抄）本	□遺留分権利者たる相続人が登記権利者であることを確認できるか ※相続人全員の戸籍謄（抄）本等は提供不要（登研464・117）
□遺留分減殺請求を受けた者の登記識別情報又は登記済証		□当該不動産を取得したときの登記申請受付年月日及び受付番号が登記簿と符合しているか □登記申請日より3か月以内に発行された印鑑証明書が添付されているか
□遺留分減殺請求権を行使した者の住民票の写し（住所証明情報）		□新所有者が遺留分権利者たる相続人であることを確認できるか ※本籍の記載は必要である ※原本還付を受ける場合は住民票の写しの謄本に原本証明の記載を付し、住民票の写しとともに提出する ※住民票コードを作成した場合は省略できる
□遺留分減殺請求を受けた者の印鑑証明書		□作成後3か月以内のものが添付されているか
□代理権限証明情報		□委任された内容は特定されているか □遺留分減殺請求の意思表示が相手方に到達した日以降に作成しているか ※遺留分減殺請求を受けた者は実印を押印する必

第1章 所有権に関する登記 79

	要がある ※遺留分権利者は実印を押印する必要はない ※保存行為として特定の相続人からの申請の場合に、申請人とならなかった他の相続人には登記識別情報が通知されないので注意が必要
□固定資産評価証明書	□最新年度のものとなっているか □地積等、面積は登記簿上のものと符合しているか

〔18〕 遺留分減殺請求（判決）の場合

　遺留分減殺請求権を判決により行使することで所有権移転登記を行う場合、遺留分権利者が所有権を有することを証する情報として、判決主文中で登記手続を命じる給付判決の正本及びその判決が確定したことを証する確定証明書の添付が必要です（不登令別表二十八）。

　原則は登記権利者と登記義務者の共同で登記申請をしなければならないところ、遺留分減殺請求を受けた者に登記手続をすべきことを命ずる確定判決による登記申請の場合は、その判決により相手方の登記申請意思を擬制する（民414①、民執174①本文）ため、遺留分権利者が単独で申請することができます（不登63）ので、〔17〕で指摘した遺留分減殺請求を受けた者（現在の登記名義人・登記義務者）の登記識別情報又は登記済証や印鑑証明書、被相続人と遺留分権利者との相続関係を証明する戸籍謄（抄）本等は提供不要です。

　遺留分減殺による所有権移転登記は、その訴状送達の日が原因日付に当たります（香川保一編著『不動産登記書式精義　上巻〔新訂〕』1513頁（テイハン、1994））。

　なお、平成30年7月13日に公布された改正民法により、遺留分減殺請求権の効力及び法的性質につき、権利の行使により物権的効果が生じるものから金銭債権（遺留分侵害額請求権）が発生するものと改められた（民1046）ため、本改正民法が施行された令和元年7月1日以降生じたものについては「遺留分減殺」を登記原因とした所有権移転登記が行われる余地がなくなるものと考えられるのは、〔17〕と同様です。

　必要な添付情報は、以下になります。

①　登記原因証明情報（判決正本及びその確定証明書）

②　遺留分減殺請求権を行使した者の住民票の写し（住所証明情報）

③　代理権限証明情報

④　固定資産評価証明書

第1章　所有権に関する登記　　　81

添付情報のチェックポイント

添付情報	確 認 事 項
□登記原因証明情報	
□判決正本及びその確定証明書	□判決主文中で登記手続を命ずる判決である旨の記載があるか □給付判決であるか □判決中に登記原因及びその日付が記載されているか □判決が確定している旨の記載があるか
□遺留分減殺請求権を行使した者の住民票の写し（住所証明情報）	□遺留分減殺請求権を行使した者の住民票はあるか（名義を取得しない相続人の分は不要） ※原本還付を受ける場合は住民票の写しの謄本に原本証明の記載を付し、住民票の写しとともに提出 ※住民票コードを作成した場合は省略できる
□代理権限証明情報	□委任された内容は特定されているか □遺留分減殺請求の意思表示が相手方に到達した日以降に作成しているか ※認印でよい ※保存行為として特定の相続人からの申請の場合に、申請人とならなかった他の相続人には登記識別情報が通知されないので注意が必要
□固定資産評価証明書	□最新年度のものとなっているか □地積等、面積は登記簿上のものと符合しているか

〔19〕 相続財産の分離の場合

　相続財産の分離は、相続の開始により相続財産と相続人の固有財産とが混合するのを避けるため、相続債権者・受遺者・相続人の債権者の請求によって、相続財産を相続人の固有財産から分離して管理・清算する手続です（民941以下）。

　相続人が単純承認した場合、相続人が相続財産を承継して相続人の固有財産と混合しますが、相続人の固有財産や相続財産が債務超過の状態にある場合、相続債権者・受遺者・相続人の債権者に不利益になるおそれがあります。その場合に、相続財産を特別財産として分離することを主張することが認められています。

　相続財産の分離の制度には、相続開始時から3か月以内に相続債権者・受遺者が家庭裁判所に請求することにより行う第1種財産分離（民941～949）と、相続人が限定承認できる間又は相続財産と相続人の固有財産とが混同しない間に相続人の債権者が家庭裁判所に請求することにより行う第2種財産分離（民950）があります。

　相続財産分離の審判が確定したときは、相続人は相続財産の処分行為ができなくなりますが、不動産に関する権利はその登記をしなければ第三者に対抗できず（民945）、相続財産の分離の登記は不動産登記法3条にいう「処分の制限」に該当するものと解されています（香川保一編著『不動産登記書式精義　上巻〔新訂〕』1366頁（テイハン、1994））。

　相続財産の分離の登記は、その審判の確定により相手方の登記申請意思を擬制するため（民414①、民執174①本文）、相続財産の分離の請求者が登記権利者としての単独申請によります（不登63）。

　また相続財産の分離による所有権移転登記は「相続財産分離」を登記原因とし、その審判が確定した日が原因日付に当たります。

第1章　所有権に関する登記　　83

　必要な添付情報は、以下になります。

① 　登記原因証明情報（相続財産の分離の審判書正本又は謄本及びその確定証明書）

② 　代理権限証明情報

③ 　固定資産評価証明書

添付情報のチェックポイント	
添付情報	確 認 事 項
□登記原因証明情報	
□相続財産の分離の審判書正本又は謄本及びその確定証明書	□家庭裁判所にて相続財産の分離の審判申立手続を経て取得した審判書であるかどうか □審判が確定している旨の記載があるか ※正本と謄本のどちらを添付しても構わない
□代理権限証明情報	□委任された内容は特定されているか □相続財産分離の審判が確定した日以降に作成しているか ※認印でよい ※代位登記であるため所有権登記名義人への登記識別情報は発行されない
□固定資産評価証明書	□最新年度のものとなっているか □地積等、面積は登記簿上のものと符合しているか

〔20〕 相続人不存在による相続財産を法人名義にする場合

相続人の不存在とは、相続が開始したにもかかわらず相続人の有無が不明な状態を指し、この場合には相続財産自体が相続財産法人とされ（民951）、家庭裁判所において相続財産管理人が選任された場合には（民952）、相続財産管理人から「相続人不存在」を登記原因として、相続財産法人名義とする登記を申請する必要があります。

その登記は、登記名義人の氏名変更登記に準じてその名義を「亡何某相続財産」とする付記登記により行い（昭10・1・14民甲39・不動産登記記録例195参照）、死亡時の住所が登記上の住所と異なるときは、その変更も行います（昭10・1・14民甲39・不動産登記記録例196参照）。

この登記申請を行うには、家庭裁判所で選任された相続財産管理人が申請人となりますが（民952①、家事39）、登記原因証明情報としては相続人の有無が不明であること及び被相続人の死亡年月日を明らかにすることが求められます。通常は家庭裁判所の相続財産管理人選任審判書にその記載があり、当該審判書の正本又は謄本を提供すれば足りますが、この記載によっては、その選任が相続人不存在であること及び被相続人の死亡年月日が明らかでない場合があり、そのときは併せてこれらを証する被相続人の戸籍（除籍）謄本（全部事項証明書）の添付も求められます（昭39・2・28民甲422）。また、相続財産管理人選任審判書の記載によって相続人不存在であるが被相続人の死亡年月日が明らかでないときは、その死亡年月日を証する戸籍（除籍）謄本を添付すれば足ります（昭39・2・28民甲422）。

また、相続財産管理人選任審判書記載の被相続人死亡時の住所と、登記上の住所地が異なる場合には、併せてその変更を生ずる被相続人

第1章 所有権に関する登記　　85

の除住民票の写し等を添付します。

　代理権限を証する情報としては、登記原因証明情報である相続財産管理人選任審判書がこれを兼ね、登記代理人による申請の場合は併せて相続財産管理人による委任状を添付します。

　必要な添付情報は、以下になります。

①　登記原因証明情報（相続財産管理人選任審判書正本又は謄本、被相続人の死亡事項の記載がある戸籍（除籍）謄本（全部事項証明書）、法定相続人の不存在を証する被相続人の戸籍（除籍）謄本（全部事項証明書）、被相続人の住民票の除票又は戸籍の除附票、相続放棄申述受理証明書等）

②　代理権限証明情報

添付情報のチェックポイント

添付情報	確 認 事 項
□登記原因証明情報	
□相続財産管理人選任審判書正本又は謄本	□家庭裁判所にて相続人不存在による相続財産管理人審判申立手続を経て取得した審判書であるかどうか
□被相続人の死亡事項の記載がある戸籍（除籍）謄本（全部事項証明書）	□出生から死亡までの本籍地が記載された戸籍（除籍）謄本が揃っているか □被相続人が死亡したこと、かつ法定相続人の不存在が記載上確認できるか ※相続財産管理人選任審判書の記載によって、当該相続財産管理人の選任が相続人不存在の場合であること及び被相続人の死亡年月日が明らかでないときに必要
□法定相続人の不	□被相続人が死亡した年月日が記載上確認できる

存在を証する被相続人の戸籍（除籍）謄本（全部事項証明書）	か ※相続財産管理人選任審判書の記載によって、相続人不存在の場合であることは明らかであるが、被相続人の死亡年月日が明らかでないときに必要
□被相続人の住民票の除票又は戸籍の除附票	□死亡時の本籍が掲載されているか □相続財産管理人選任審判書記載の最後の住所地と、登記上の住所地とのつながりが記載上確認できるか ※相続財産管理人選任審判書記載の最後の住所地と、登記上の住所地が異なる場合に必要
相続放棄をした者がいる場合	
□相続放棄申述受理証明書等	□被相続人の氏名・本籍が戸籍と符合しているか
□代理権限証明情報	□委任された内容は特定されているか □相続財産管理人が選任された日以降に作成しているか □申請人の住所氏名の記載が相続財産管理人選任審判書と符合しているか ※認印でよい

〔21〕 旧民法による家督相続の場合

　明治31年7月16日から昭和22年5月2日までの間に相続が発生した場合、明治31年7月16日に施行された民法（以下「旧民法」といいます。）が適用されます。

　旧民法の親族・相続法は、封建的・家父長的家族制度の下で、日本国民は戸主が中心となり他の家族と権利義務により法律上連結させた親族団体としての「家」に必ず所属することを規定され、家督相続制度により「家」の維持・存続が図られていました。

　こうした旧民法の家制度の下での相続制度は、「家」の中心である戸主権と家の財産（家産）を承継する「家督相続」と、その家に属する家族の固有の財産を承継する「遺産相続」の二本立てで構成されていました。

　戸主が、自らが有していた地位（前戸主の一身に専属するものを除いた一切の権利義務）を、次に戸主となる家督相続人が単独で承継することを、家督相続といいます（旧民986）。

　現行民法では相続は死亡のみによって開始しますが（民882）、旧民法における家督相続は、①戸主の死亡、隠居又は国籍喪失、②戸主が婚姻又は養子縁組の取消しによりその家を去ったとき、③女戸主の入夫婚姻又は入夫の離婚により開始すると規定されていました（旧民964）。そして家督相続人の範囲については、家制度の維持・存続のために、以下のように規定されていました。

　　　　第1順位　　第1種法定推定家督相続人（旧民970～974）

　　　　第2順位　　指定家督相続人（旧民979～981）

　　　　第3順位　　第1種選定家督相続人（旧民982・983）

　　　　第4順位　　第2種法定家督相続人（旧民984）

　　　　第5順位　　第2種選定家督相続人（旧民985）

第1章　所有権に関する登記

　家督相続は、「日本国憲法の施行に伴う民法の応急的措置に関する法律」（昭22法74）が施行される前日の昭和22年5月2日までに開始した相続について行われ（応急措置法7①・附則①、民附則25①）、家督相続人は、登記原因を「家督相続」とし、家督相続が開始した日を登記原因日付として、単独で所有権移転の登記を申請することができます（不登63②）。

　家督相続があった場合の登記原因証明情報としては、家督相続届に基づき戸籍に家督相続の旨が記載されるため、その旨の記載のある戸籍（除籍）謄本が該当します（不登令別表二十二）。ただし、相続不動産の登記簿上の前戸主（被相続人）の住所が本籍転属により相続人の本籍と異なるときは、登記簿上の住所と符合する相続開始前の前戸主の戸籍も求められます（髙妻新・荒木文明著『全訂第二版　相続における戸籍の見方と登記手続』233頁（日本加除出版、2011））。一方、家督相続が開始したものの、その旨が戸籍に記載されていない場合、法定家督相続人であることが明らかな戸籍（除籍）謄本を添付し、その者を家督相続人として所有権移転の登記を申請しても、受理して差し支えないとされています（昭34・1・29民甲150・法務省民事局編『登記関係先例集　追加編Ⅱ』407頁（テイハン、1960）、昭47・5・19法曹会決議・登研327・70、質疑応答・登研103・32）。家督相続は戸主の死亡、隠居届等当該事実の発生によって開始し、新戸主の家督相続届は報告的届出とされています（旧戸籍125）。

　また、昭和27年6月30日以前においては住所をもって本籍とするのがほとんどであったため、登記記録上の住所の表示と本籍の表示が同一であれば、被相続人の同一性が認定できた（髙妻新・荒木文明著『全訂第二版　相続における戸籍の見方と登記手続』536頁（日本加除出版、2011））ことから、登記実務においては、被相続人の登記記録上の住所と相続を証する情報として提供された戸籍の本籍地とが同一であることにより、被相続人の同一性が確認できる場合には、被相続人の最後の住所

第1章　所有権に関する登記　　　89

を証する情報を提供することは要しないとされています（登記研究編集室編『不動産登記実務の視点Ⅱ』203頁（テイハン、2013））。

　また、隠居又は入夫婚姻による家督相続の登記については、家督相続の原因となる事実が発生したことを証する戸籍（除籍）謄本のみを添付して申請すべきであるとされています（明32・12・7民刑2118・法務省民事局編『登記関係先例集　上』126頁（帝国判例法規出版社、1955））。

　必要な添付情報は、以下になります。

① 　登記原因証明情報（家督相続人の戸籍（除籍）謄本（全部事項証明書）、被相続人の住民票の除票又は戸籍の除附票、相続関係説明図又は法定相続情報一覧図）

② 　不動産を取得する家督相続人の住民票の写し（住所証明情報）

③ 　代理権限証明情報

④ 　固定資産評価証明書

添付情報のチェックポイント

添付情報	確　認　事　項
□登記原因証明情報	
□家督相続人の戸籍（除籍）謄本（全部事項証明書）	□家督相続届に基づいた家督相続が発生した旨の記載があるか ※相続不動産の登記簿上の被相続人（前戸主）の住所が本籍転属により家督相続人の本籍と異なるときは、登記簿上の住所と符合する相続開始前の被相続人の戸籍も併せて添付 ※記載がない場合、被相続人の法定家督相続人であることを証する戸籍（除籍）謄本を添付
隠居又は入夫婚姻の場合	□家督相続が発生した事実を証する記載があるか ※隠居又は入夫婚姻による家督相続の場合、被相

	続人の法定家督相続人であることを証する戸籍（除籍）謄本の添付は不要
□被相続人の住民票の除票又は戸籍の除附票	□家督相続発生時の本籍が掲載されているか □登記上の住所と符合しているか、又は死亡時の住所と登記上の住所とのつながりが確認できるか ※被相続人が住所変更をしていたが、その変更登記を行っていなかった場合に、住民票の除票等で同一人物であることが追跡確認できなかった場合は登記済証で確認 ※被相続人の登記記録上の住所と相続を証する情報として提供された戸籍の本籍地とが同一である場合添付は不要
□相続関係説明図	□被相続人の最後の住所・死亡日・氏名が記載されているか □家督相続人の住所・生年月日・被相続人との続柄・氏名が記載されているか □被相続人より先に死亡した相続人がいる場合は死亡年月日が記載されているか ※相続関係説明図を添付する場合、被相続人の戸籍（除籍）謄本（全部事項証明書）、家督相続人の戸籍謄本（全部事項証明書）の原本還付を受けられる
□法定相続情報一覧図	□申出人の記載がされているか □被相続人の最後の住所が「被相続人の住民票の除票、又は戸籍の除附票」に記載されているものと完全に符合しているか □最後の住所が確認できない場合、「最後の本籍地」を記載しているか □相続人の生年月日・被相続人との続柄・氏名を

第1章　所有権に関する登記　　　91

	記載しているか ※各相続人の住所を記載する場合、相続人の住所証明情報が必要 □作成日の表示と作成者の署名（記名押印）があるか □用紙の下方向に余白があるか ※この余白に登記官の記名押印が入る ※この法定相続情報一覧図を添付すると被相続人の戸籍謄本、住民票除票、相続人の戸籍謄本の提供は不要
□不動産を取得する家督相続人の住民票の写し（住所証明情報）	□不動産の名義を取得する相続人の住民票はあるか（名義を取得しない相続人の分は不要） ※住民票コードを作成した場合は省略できる
□代理権限証明情報	□委任された内容は特定されているか □家督相続発生の日以降に作成しているか ※認印でよい
□固定資産評価証明書	□最新年度のものとなっているか □地積等、面積は登記簿上のものと符合しているか

〔22〕 民法附則25条2項本文の規定による相続の場合

　昭和23年1月1日に施行された民法（昭22法222）は、日本国憲法の施行に伴う民法の応急的措置に関する法律（昭22法74、以下「応急措置法」といいます。）の施行前に開始した相続に関しては、原則として昭和23年施行前の民法を適用します。しかし、この相続に関する昭和23年施行前民法適用の原則の例外として、応急措置法施行前に家督相続が開始し、新民法施行後に家督相続人を選定しなければならない場合には、その相続については新民法を適用するものとしています（民附則25②本文）。

　この条文にいう「家督相続人を選定しなければならない場合」とは、①第1順位及び第2順位の家督相続人がおらず、第3順位の家督相続人になり得る者（家族たる配偶者、兄弟、姉妹、兄弟姉妹の直系卑属）がいるとき、②第1順位、第2順位、第3順位及び第4順位の家督相続人がおらず、第5順位の第2種選定家督相続人を選定しなければならない場合をいい、このいずれかの状態で昭和23年施行後民法を迎えた場合には、昭和23年施行後民法が適用されます。よって、登記手続については、現行の相続登記手続と特に異なるところはありません。

　民法附則25条2項による相続が開始した日は、戸主である被相続人の死亡の日であり、死亡の時に遡って新民法が適用されます（昭24・2・4民甲3876・先例集下1259、昭25・10・7民甲2682・先例集下1479）。また、この場合の相続登記の登記原因及び日付は「年月日相続」であり（登研109・43）、相続人は単独で所有権移転の登記を申請することができます（不登63②）。

　また、昭和27年6月30日以前においては、住所をもって本籍とするの

第1章 所有権に関する登記 93

がほとんどのため、登記記録上の住所の表示と本籍の表示が同一であれば、被相続人の同一性が認定できた（髙妻新・荒木文明著『全訂第二版 相続における戸籍の見方と登記手続』536頁（日本加除出版、2011））ことから、登記実務においては、被相続人の登記記録上の住所と相続を証する情報として提供された戸籍の本籍地とが同一であることにより、被相続人の同一性が確認できる場合には、被相続人の最後の住所を証する情報を提供することは要しないとされています（登記研究編集室編『不動産登記実務の視点Ⅱ』203頁（テイハン、2013））。

　必要な添付情報は、以下になります。

① 　登記原因証明情報（被相続人の戸籍（除籍）謄本（全部事項証明書）、被相続人の住民票の除票又は戸籍の除附票、相続人全員の戸籍謄本（全部事項証明書）、遺産分割協議書（印鑑証明書添付）、相続関係説明図、法定相続情報一覧図）

② 　不動産を取得する相続人の住民票の写し（住所証明情報）

③ 　代理権限証明情報

④ 　固定資産評価証明書

添付情報のチェックポイント

添付情報	確　認　事　項
□登記原因証明情報	
□被相続人の戸籍（除籍）謄本(全部事項証明書)	□出生から死亡までの本籍地が記載された戸籍（除籍）謄本が揃っているか
□被相続人の住民票の除票又は戸籍の除附票	□死亡時の本籍が掲載されている住民票となっているか □登記上の住所と符合しているか、又は死亡時の

	住所と登記上の住所とのつながりが確認できるか
	※被相続人が住所変更をしていたが、その変更登記を行っていなかった場合に、住民票の除票等で同一人物であることが追跡確認できなかった場合は登記済証で確認
	※被相続人の登記記録上の住所と相続を証する情報として提供された戸籍の本籍地とが同一である場合添付は不要
□相続人全員の戸籍謄本（全部事項証明書）	□配偶者である場合は婚姻事項の記載があるか
	□子（嫡出子）である場合は出生事項に嫡出子の記載があるか
	□非嫡出子である場合は認知事項が記載されているか
	□未成年者が相続人の場合は親権、未成年者の後見事項が記載されているか
	※相続人が被相続人と同じ戸籍に入っていて、「被相続人の戸籍謄本」に相続人も掲載されている場合は省略できる
□遺産分割協議書	□相続人全員の署名・押印（実印）があるか
	□被相続人の最後の住所・氏名・死亡年月日が記載されているか
	□不動産の表示が登記簿と符合しているか
	※不動産の地目・地積・種類・構造・床面積等は記載しなくても差し支えない
	□相続人全員の印鑑証明書は添付されているか
	※相続登記の申請人は実印を押印する必要はなく、印鑑証明書を提出する必要はない
	※登記申請人が複数の場合は登記申請人の印鑑証明書の提供が必要とする見解がある
	※作成後3か月以上経過していてもよい

第1章 所有権に関する登記 95

		※被相続人の死亡日以前のものでもよい ※公正証書により作成された遺産分割協議書を提供して相続登記を申請する場合には、印鑑証明書の提供は不要
	代償分割の場合	□分割の対象となる財産、分与の対象者、分与割合は明示されているか
	換価分割の場合	□分割の対象となる財産は明示されているか □換価後財産の取得割合は明示されているか □財産を換価するまでの管理方法・管理費用は明示されているか
	□相続関係説明図	□被相続人の最後の住所・死亡日・氏名が記載されているか □相続人の住所・生年月日・被相続人との続柄・氏名が記載されているか □遺産分割協議の結果、遺産を相続しない相続人についても図に含んでいるか □被相続人より先に死亡した相続人がいる場合は死亡年月日が記載されているか ※相続関係説明図を添付する場合、被相続人の戸籍（除籍）謄本（全部事項証明書）、相続人全員の戸籍謄本（全部事項証明書）の原本還付を受けられる
	□法定相続情報一覧図	□申出人の記載がされているか □被相続人の最後の住所が「被相続人の住民票の除票、又は戸籍の除附票」に記載されているものと完全に符合しているか □最後の住所が確認できない場合、「最後の本籍地」を記載しているか □相続人の生年月日・被相続人との続柄・氏名を記載しているか

	※各相続人の住所を記載する場合、相続人の住所証明情報が必要
	□作成日の表示と作成者の署名（記名押印）があるか
	□用紙の下方向に余白があるか
	※この余白に登記官の記名押印が入る
	※この法定相続情報一覧図を添付すると被相続人の戸籍謄本、住民票除票、相続人の戸籍謄本の提供は不要
	＜列挙表示の場合＞
	□嫡出子と嫡出でない子、全血の兄弟姉妹と半血の兄弟姉妹を区別して表記しない場合、法定相続分の疎明資料を用意したか
□不動産を取得する相続人の住民票の写し（住所証明情報）	□不動産の名義を取得する相続人の住民票はあるか（名義を取得しない相続人の分は不要）
	※住民票コードを作成した場合は省略できる
□代理権限証明情報	□委任された内容は特定されているか
	□遺産分割協議成立の日以降に作成しているか
	※認印でよい
	※保存行為として特定の相続人からの申請の場合に、申請人とならなかった他の相続人には登記識別情報が通知されないので注意が必要
□固定資産評価証明書	□最新年度のものとなっているか
	□地積等、面積は登記簿上のものと符合しているか

第1章　所有権に関する登記　　97

〔23〕　日本国憲法の施行に伴う民法の応急措置に関する法律による相続の場合

　日本国憲法は昭和21年11月3日に公布され、その翌年の5月3日に施行されましたが、個人の尊厳と両性の本質的平等に立脚した新憲法と家制度の維持に主眼を置く旧民法との趣旨の相違による矛盾が生じるのを避けるために「日本国憲法の施行に伴う民法の応急的措置に関する法律」（昭22法74、以下「応急措置法」といいます。）を制定しました。応急措置法は、新憲法施行の日に同時に施行され、昭和23年1月1日の新民法施行に合わせて失効しましたので、同法が適用されるのは昭和22年5月3日から同年12月31日までに開始した相続についてです。

　応急措置法により、相続関係について戸主、家族その他家に関する規定は適用しないことが明文で定められ（応急措置法3）、家督相続に関する規定も適用しなくなりました（応急措置法7）。その結果、家制度の維持のために設けられていた継親子関係、嫡母庶子関係は同法施行以後は認められないと解されました（最判昭28・11・26民集7・11・1288、京都地判昭40・5・25判時418・56、昭23・12・9民甲2228民事局長回答・民月4・1・63）。

　応急措置法による相続については、同法8条における相続人及び相続分の規定並びに9条の遺留分に関する規定にのっとるほか、旧民法の遺産相続に関する規定が適用されます（応急措置法7②）。そのため、応急措置法による相続の登記手続については、現行の相続による登記手続と特に異なるところはなく、この場合の相続登記の登記原因及び日付は「年月日相続」であり、相続人は単独で所有権移転の登記を申請することができます（不登63②）。

　また、昭和27年6月30日以前においては、住所をもって本籍とするのがほとんどのため、登記記録上の住所の表示と本籍の表示が同一であ

れば、被相続人の同一性が認定できた（髙妻新・荒木文明著『全訂第二版 相続における戸籍の見方と登記手続』536頁（日本加除出版、2011））ことから、登記実務においては、被相続人の登記記録上の住所と相続を証する情報として提供された戸籍の本籍地とが同一であることにより、被相続人の同一性が確認できる場合には、被相続人の最後の住所を証する情報を提供することは要しないとされています（登記研究編集室編『不動産登記実務の視点Ⅱ』203頁（テイハン、2013））。

　必要な添付情報は、以下になります。

① 登記原因証明情報（被相続人の戸籍（除籍）謄本（全部事項証明書）、被相続人の住民票の除票又は戸籍の除附票、相続人全員の戸籍謄本（全部事項証明書）、遺産分割協議書（印鑑証明書添付）、相続関係説明図又は法定相続情報一覧図）

② 不動産を取得する相続人の住民票の写し（住所証明情報）

③ 代理権限証明情報

④ 固定資産評価証明書

添付情報のチェックポイント

添付情報	確認事項
□登記原因証明情報	
□被相続人の戸籍（除籍）謄本（全部事項証明書）	□出生から死亡までの本籍地が記載された戸籍（除籍）謄本が揃っているか
□被相続人の住民票の除票又は戸籍の除附票	□死亡時の本籍が掲載されている住民票となっているか □登記上の住所と符合しているか、又は死亡時の住所と登記上の住所とのつながりが確認できる

第1章　所有権に関する登記

	か ※被相続人が住所変更をしていたが、その変更登記を行っていなかった場合に、住民票の除票等で同一人物であることが追跡確認できなかった場合は登記済証で確認 ※被相続人の登記記録上の住所と相続を証する情報として提供された戸籍の本籍地とが同一である場合添付は不要
□相続人全員の戸籍謄本（全部事項証明書）	□配偶者である場合は婚姻事項の記載があるか □子（嫡出子）である場合は出生事項に嫡出子の記載があるか □非嫡出子である場合は認知事項が記載されているか □未成年者が相続人の場合は親権、未成年者の後見事項が記載されているか ※相続人が被相続人と同じ戸籍に入っていて、「被相続人の戸籍謄本」に相続人も掲載されている場合は省略できる
□遺産分割協議書	□相続人全員の署名・押印（実印）があるか □被相続人の最後の住所・氏名・死亡年月日が記載されているか □不動産の表示が登記簿と符合しているか ※不動産の地目・地積・種類・構造・床面積等は記載しなくても差し支えない □相続人全員の印鑑証明書は添付されているか ※相続登記の申請人は実印を押印する必要はなく、印鑑証明書を提出する必要はない ※登記申請人が複数の場合は登記申請人の印鑑証明書の提供が必要とする見解がある ※作成後3か月以上経過していてもよい ※被相続人の死亡日以前のものでもよい

		※公正証書により作成された遺産分割協議書を提供して相続登記を申請する場合には、印鑑証明書の提供は不要
	代償分割の場合	□分割の対象となる財産、分与の対象者、分与割合は明示されているか
	換価分割の場合	□分割の対象となる財産は明示されているか □換価後財産の取得割合は明示されているか □財産を換価するまでの管理方法・管理費用は明示されているか
□相続関係説明図		□被相続人の最後の住所・死亡日・氏名が記載されているか □相続人の住所・生年月日・被相続人との続柄・氏名が記載されているか □遺産分割協議の結果、遺産を相続しない相続人についても図に含んでいるか □被相続人より先に死亡した相続人がいる場合は死亡年月日が記載されているか ※相続関係説明図を添付する場合、被相続人の戸籍（除籍）謄本（全部事項証明書）、相続人全員の戸籍謄本（全部事項証明書）の原本還付を受けられる
□法定相続情報一覧図		□申出人の記載がされているか □被相続人の最後の住所が「被相続人の住民票の除票、又は戸籍の除附票」に記載されているものと完全に符合しているか □最後の住所が確認できない場合、「最後の本籍地」を記載しているか □相続人の生年月日・被相続人との続柄・氏名を記載しているか ※各相続人の住所を記載する場合、相続人の住所

第1章 所有権に関する登記　　101

	証明情報が必要 □作成日の表示と作成者の署名（記名押印）があるか □用紙の下方向に余白があるか ※この余白に登記官の記名押印が入る ※この法定相続情報一覧図を添付すると被相続人の戸籍謄本、住民票除票、相続人の戸籍謄本の提供は不要 ＜列挙表示の場合＞ □嫡出子と嫡出でない子、全血の兄弟姉妹と半血の兄弟姉妹を区別して表記しない場合、法定相続分の疎明資料を用意したか
□不動産を取得する相続人の住民票の写し（住所証明情報）	□不動産の名義を取得する相続人の住民票はあるか（名義を取得しない相続人の分は不要） ※住民票コードを作成した場合は省略できる
□代理権限証明情報	□委任された内容は特定されているか □遺産分割協議成立の日以降に作成しているか ※認印でよい ※保存行為として特定の相続人からの申請の場合に、申請人とならなかった他の相続人には登記識別情報が通知されないので注意が必要
□固定資産評価証明書	□最新年度のものとなっているか □地積等、面積は登記簿上のものと符合しているか

〔24〕 旧民法による遺産相続の場合

　明治31年7月16日に施行された旧民法における遺産相続とは、家制度におけるその一家において戸主以外の者が自己の名において得ている特有財産（旧民748）について、その者が死亡した場合の特有財産の承継を意味するものでした（旧民992・1001）。

　遺産相続の開始原因は家督相続と異なり死亡のみであり（旧民992）、隠居した旧戸主が死亡した場合も遺産相続が開始します。

　遺産相続人は、第1順位を直系卑属、第2順位を配偶者、第3順位を直系尊属、第4順位を戸主と定めています（旧民994・996）。同順位の者が数人あるときは、全員が共同で各自均等の相続分を相続しますが、直系卑属については、嫡出子と非嫡出子が共同相続人となるときは、非嫡出子の相続分は嫡出子の相続分の2分の1です（旧民1004）。また、代襲相続も認められており、代襲相続人が数人あるときは、旧民法1004条の規定に従って相続分を定めます（旧民1005）。

　さらに、共同相続人らは、全員の協議又は裁判により遺産分割を行うことができ、その効力は相続開始時に遡って生じます（旧民1012）。

　旧民法上の遺産相続は、「日本国憲法の施行に伴う民法の応急的措置に関する法律」（昭22法74）が施行される前日の昭和22年5月2日までに開始した相続について行われ（応急措置法7①・附則①、民附則25①）、同日までに開始した遺産相続についてその翌日以降相続による登記を申請する場合には、従前の取扱いによります。

　遺産相続による所有権移転登記手続については、相続人は登記原因を「遺産相続」とし、相続が開始した日を登記原因日付として、単独で所有権移転の登記を申請することができます（不登63②）。

　また、昭和27年6月30日以前においては、住所をもって本籍とするの

第1章　所有権に関する登記　　103

がほとんどのため、登記記録上の住所の表示と本籍の表示が同一であれば、被相続人の同一性が認定できた（髙妻新・荒木文明著『全訂第二版相続における戸籍の見方と登記手続』536頁（日本加除出版、2011））ことから、登記実務においては、被相続人の登記記録上の住所と相続を証する情報として提供された戸籍の本籍地とが同一であることにより、被相続人の同一性が確認できる場合には、被相続人の最後の住所を証する情報を提供することは要しないとされています（登記研究編集室編『不動産登記実務の視点Ⅱ』203頁（テイハン、2013））。

　必要な添付情報は、以下になります。

① 　登記原因証明情報（被相続人の戸籍（除籍）謄本（全部事項証明書）、被相続人の住民票の除票又は戸籍の除附票、相続人全員の戸籍謄本（全部事項証明書）、遺産分割協議書（印鑑証明書添付）、相続関係説明図又は法定相続情報一覧図）

② 　不動産を取得する相続人の住民票の写し（住所証明情報）

③ 　代理権限証明情報

④ 　固定資産評価証明書

添付情報のチェックポイント

添付情報	確 認 事 項
□登記原因証明情報	
□被相続人の戸籍（除籍）謄本（全部事項証明書）	□出生から死亡までの本籍地が記載された戸籍（除籍）謄本が揃っているか
□被相続人の住民票の除票又は戸籍の除附票	□死亡時の本籍が掲載されている住民票となっているか □登記上の住所と符合しているか、又は死亡時の

	住所と登記上の住所とのつながりが確認できるか
	※被相続人が住所変更をしていたが、その変更登記を行っていなかった場合に、住民票の除票等で同一人物であることが追跡確認できなかった場合は登記済証で確認
	※被相続人の登記記録上の住所と相続を証する情報として提供された戸籍の本籍地とが同一である場合添付は不要
□相続人全員の戸籍謄本（全部事項証明書）	□配偶者である場合は婚姻事項の記載があるか □子（嫡出子）である場合は出生事項に嫡出子の記載があるか □非嫡出子である場合は認知事項が記載されているか □未成年者が相続人の場合は親権、未成年者の後見事項が記載されているか ※相続人が被相続人と同じ戸籍に入っていて、「被相続人の戸籍謄本」に相続人も掲載されている場合は省略できる
□遺産分割協議書	□相続人全員の署名・押印（実印）があるか □被相続人の最後の住所・氏名・死亡年月日が記載されているか □不動産の表示が登記簿と符合しているか ※不動産の地目・地積・種類・構造・床面積等は記載しなくても差し支えない ※被相続人が未登記不動産を所有している可能性があるため、課税明細書等で確認し、所有不動産の記載漏れのないようにする ※1通で作成しなくてもよい（昭35・12・27民甲3327）

第1章　所有権に関する登記　　　　　　　　　105

	※代襲相続の場合「A代襲相続人B」、数次相続の場合「A相続人B」のように記載 □申請人以外の者の印鑑証明書はあるか（昭30・4・23民甲742） □添付した印鑑証明書は相続人の戸籍謄本（全部事項証明書）と氏名、生年月日が同一であるか 　（昭43・3・28民三114） ※遺産分割協議書が公正証書で作成されていれば印鑑証明書は不要 ※有効期限はなく、被相続人の死亡日以前の日付でも問題ない ※登記申請人が複数の場合は登記申請人の印鑑証明書の提供が必要とする見解がある ※作成後3か月以上経過していてもよい
代償分割の場合	□分割の対象となる財産、分与の対象者、分与割合は明示されているか
換価分割の場合	□分割の対象となる財産は明示されているか □換価後財産の取得割合は明示されているか □財産を換価するまでの管理方法・管理費用は明示されているか
□相続関係説明図	□被相続人の最後の住所・死亡日・氏名が記載されているか □相続人の住所・生年月日・被相続人との続柄・氏名が記載されているか □遺産分割協議の結果、遺産を相続しない相続人についても図に含んでいるか □被相続人より先に死亡した相続人がいる場合は死亡年月日が記載されているか ※相続関係説明図を添付する場合、被相続人の戸

	籍（除籍）謄本（全部事項証明書）、相続人全員の戸籍謄本（全部事項証明書）の原本還付を受けられる
□法定相続情報一覧図	□申出人の記載がされているか □被相続人の最後の住所が「被相続人の住民票の除票、又は戸籍の除附票」に記載されているものと完全に符合しているか □最後の住所が確認できない場合、「最後の本籍地」を記載しているか □相続人の生年月日・被相続人との続柄・氏名を記載しているか ※各相続人の住所を記載する場合、相続人の住所証明情報が必要 □作成日の表示と作成者の署名（記名押印）があるか □用紙の下方向に余白があるか ※この余白に登記官の記名押印が入る ※この法定相続情報一覧図を添付すると被相続人の戸籍謄本、住民票除票、相続人の戸籍謄本の提供は不要 ＜列挙表示の場合＞ □嫡出子と嫡出でない子、全血の兄弟姉妹と半血の兄弟姉妹を区別して表記しない場合、法定相続分の疎明資料を用意したか
□不動産を取得する相続人の住民票の写し（住所証明情報）	□不動産の名義を取得する相続人の住民票はあるか（名義を取得しない相続人の分は不要） ※住民票コードを作成した場合は省略できる
□代理権限証明情報	□委任された内容は特定されているか

第1章 所有権に関する登記 107

	※認印でよい ※保存行為として特定の相続人からの申請の場合に、申請人とならなかった他の相続人には登記識別情報が通知されないので注意が必要
□固定資産評価証明書	□最新年度のものとなっているか □地積等、面積は登記簿上のものと符合しているか

〔25〕 特別縁故者に移転する場合

　相続人が存在しないため、被相続人の所有する不動産について相続財産法人名義となっているものにつき、家庭裁判所の審判によりその不動産を取得した特別縁故者は、登記原因証明情報として、特別縁故者への財産分与の審判書正本及びその確定証明書を添付して、登記原因を「民法第958条の3の審判」とする所有権移転の登記を、単独申請することができます（昭37・6・15民甲1606）。

　財産分与を受ける不動産が被相続人名義のままである場合は、この登記申請の前提として「相続人不存在」を原因とする「亡何某相続財産」名義への登記名義人表示変更を経由しなければなりません（〔20〕参照）。

　相続財産の分与の審判は、その確定と同時に権利が移転すると解されていますので、当該審判が確定した日が原因日付となります。なお、当該審判による農地の所有権移転につき、農地法所定の許可は不要です（農地3①十二）。

　必要な添付情報は、以下になります。

① 登記原因証明情報（民法958条の3の審判書正本及びその確定証明書）

② 特別縁故者の住民票の写し（住所証明情報）

③ 代理権限証明情報

④ 固定資産評価証明書

第1章 所有権に関する登記 109

添付情報のチェックポイント

添付情報	確 認 事 項
□登記原因証明情報	
□民法958条の3の審判書正本及びその確定証明書	□家庭裁判所にて発行された特別縁故者への財産分与の審判書の正本であるかどうか □上記審判に関して、家庭裁判所から発行された確定証明書であるかどうか
□特別縁故者の住民票の写し（住所証明情報）	□特別縁故者の住民票はあるか ※原本還付を受ける場合は住民票の写しの謄本に原本証明の記載を付し、住民票の写しとともに提出する ※住民票コードを作成した場合は省略できる
□代理権限証明情報	□委任された内容は特定されているか ※認印でよい ※保存行為として特定の相続人からの申請の場合に、申請人とならなかった他の相続人には登記識別情報が通知されないので注意が必要
□固定資産評価証明書	□最新年度のものとなっているか □地積等、面積は登記簿上のものと符合しているか

（遺贈・贈与による所有権移転）

> ### 〔26〕 遺贈による移転（遺言執行者の選任が ある）の場合

　遺贈による所有権移転登記は、包括遺贈、特定遺贈を問わず「遺贈」になります。また登記原因日付は、遺贈効力発生日、すなわち、原則として遺言者の死亡の日になります。例外的に停止条件付遺贈の場合において、遺言者の死亡後に条件成就したときは、成就日が原因日付になります。

　申請人は原則として、受遺者と遺言執行者の共同申請になります。なお、遺言執行者がいる場合でも、遺言者の相続人から遺贈登記申請ができないわけではありません。相続人は、相続財産の処分、その他、遺言執行を妨げるべき行為をすることができないだけであるためです（民1013）。また、申請人については、①遺言執行者が死亡した後、執行者の相続人が代わって申請人にはなれないため相続人等の利害関係人から家庭裁判所に遺言執行者選任を申し立てる方法や、②（代理権消滅事由該当により）受遺者が遺贈効力発生後、登記未了のうちに死亡したときに、その受遺者においても、遺言執行者を定めて、他の受遺者を指定していた場合において当初の遺贈については、遺言者の相続人と受遺者の遺言執行者との間で共同申請をなし、その後、受遺者の遺言執行者と第2の受遺者との間で共同申請をする（昭43・8・3民甲1837）などの先例があります。

　遺贈による所有権移転登記の原因日付は、原則はその遺贈の効力発生日（遺言者が死亡した日）です。しかし遺贈の対象不動産が農地の場合は、相続人以外の者に対する特定遺贈については、農地法所定の許可が必要となり（農地規15五）、遺言者死亡後にその許可を得たとき

第1章　所有権に関する登記　　　111

は、その許可書が到達した日が登記原因日付となります。

　必要な添付情報は、以下になります。

① 　登記原因証明情報（遺言書、遺贈者の戸籍（除籍）謄本（全部事項証明書）、遺贈者の住民票の除票又は戸籍の除附票、相続人全員の戸籍謄本（全部事項証明書）、農地法の許可書（農地を相続人以外の受遺者へ特定遺贈する場合））

② 　登記識別情報又は登記済証

③ 　遺言執行者又は遺贈者の相続人全員の印鑑証明書

④ 　受遺者の住民票の写し（住所証明情報）

⑤ 　代理権限証明情報（遺言執行者の権限証明）

⑥ 　固定資産評価証明書

添付情報のチェックポイント

添付情報	確　認　事　項
□登記原因証明情報	
□遺言書	□受遺者が登記権利者と符合しているか □対象不動産が遺贈の対象となっているか □遺言執行者の指定があるか □自筆証書遺言の場合は家庭裁判所で検認の手続がなされているか ※公正証書遺言の場合は正本でも謄本でもどちらでも差し支えない ※法務局における遺言書の保管等に関する法律（平30法73）により法務局で保管した自筆証書遺言は検認手続が不要になる（令和2年7月10日施行）
□遺贈者の戸籍（除籍）謄本(全	□遺贈者が死亡した旨及び死亡年月日を記載上確認できるか

部事項証明書)	
□遺贈者の住民票 の除票又は戸籍 の除附票	□遺贈者死亡時の本籍が掲載されている住民票と なっているか □遺贈者死亡時の住所と登記簿上の住所とが符合 しているか
□相続人全員の戸 籍謄本（全部事 項証明書）	□遺贈者の相続人が登記義務者と符合しているか □配偶者である場合は婚姻事項の記載があるか □子（嫡出子）である場合は出生事項に嫡出子の 記載があるか □非嫡出子である場合は認知事項が記載されてい るか □未成年者が相続人の場合は親権、未成年者の後 見事項が記載されているか ※相続人が遺言者と同じ戸籍に入っていて、「遺 贈者の戸籍謄本」に相続人も掲載されている場 合は省略できる
□農地法の許可書 （農地を相続人 以外の受遺者へ 特定遺贈する場 合）	□当該不動産が農地であるか □相続人以外の遺贈者に対する特定遺贈であるか ※上記に該当しなければ添付不要
□登記識別情報又は 登記済証	□遺贈者が当該不動産を取得したときの登記申請 受付年月日及び受付番号が登記簿と符合してい るか
□遺言執行者又は遺 贈者の相続人全員 の印鑑証明書	□登記申請日より3か月以内に発行されたもので あるかどうか
□受遺者の住民票の 写し（住所証明情	□不動産の名義を取得する相続人の住民票はある か（名義を取得しない相続人の分は不要）

第1章　所有権に関する登記　　　113

報）	※原本還付を受ける場合は住民票の写しの謄本に原本証明の記載を付し、住民票の写しとともに提出する ※住民票コードを作成した場合は省略できる
□代理権限証明情報 （遺言執行者の権限証明）	□委任された内容は特定されているか □義務者（執行者）の実印は押印されているか □権利者の押印はあるか ※保存行為として特定の相続人からの申請の場合に、申請人とならなかった他の相続人には登記識別情報が通知されないので注意が必要
遺言書に執行者直接指定の場合	□遺言書（登記原因証明情報兼用）及び遺言者死亡の記載ある戸籍謄（抄）本は添付されているか
遺言書に執行者は第三者指定の旨の条項がある場合	□遺言書（登記原因証明情報兼用）、第三者指定書及び遺言者死亡の記載ある戸籍謄（抄）本は添付されているか
裁判所指定の場合	□遺言書（登記原因証明情報兼用）及び遺言執行者選任審判書は添付されているか
□固定資産評価証明書	□最新年度のものとなっているか □地積等、面積は登記簿上のものと符合しているか

〔27〕 遺贈による移転（遺言執行者の選任がない）の場合

　遺贈による所有権移転登記は、受遺者を登記権利者、遺贈者を登記義務者とする共同申請によるべきであり、遺言執行者があるときは同人が遺言の執行として受遺者と共同で申請するのに対して、遺言執行者がないときは遺贈者の相続人全員が受遺者と共同で申請することとされています（東京高決昭44・9・8判時572・38、昭33・4・28民甲779・法務省民事局編『登記関係先例集　追加編Ⅱ』261頁（テイハン、1960）、昭43・8・3民甲1837・法務省民事局編『登記関係先例集　追加編Ⅴ』11頁（テイハン、1976））。共同相続人の1人を登記義務の承継人とする登記申請は認められず、また、受遺者が共同相続人の1人である場合は、受遺者以外の共同相続人が登記義務者となります。

　登記原因証明情報は、遺贈の内容を報告する形式の文書では認められず（登研736・176）、遺言書の提供を要します。その遺言書は民法所定の方式を具備している必要があり、公正証書遺言の場合を除き家庭裁判所の検認が必要です。併せて遺言者が死亡して初めて遺言の効力が発生しますので、遺言者の死亡を証する戸籍（除籍）謄本も求められます（登研736・173）。そして、遺贈者の登記上の住所と戸籍（除籍）謄本に記載の本籍とを関連付けるため、遺贈者の住民票除票又は戸籍の附票も添付します。

　遺贈の対象となる不動産は、遺言書によって特定されていなければなりません。個々の不動産を表示するのはもちろんですが、例えば「遺言者所有の全ての不動産」などのように一括して表示されていたり、又はここの不動産の表示も必ずしも登記上の表示と完全に一致している必要はなく、その同一性が判断できれば足るとされています（登研

242・71、429・120）。また、特定遺贈において対象の不動産の特定が不十分で、登記上の不動産との同一性が確認できないときは、当該不動産の帰属について最も利害関係を有する相続人全員の申述書によって、特定させることが相当です。なお、遺言公正証書中に、受遺者の氏名が住民票の写しの記載と相違する場合であっても、同一人であることが確認できれば、便宜上受理して差し支えないとしています（登研369・81）。

　また、登記義務者の申請適格を証するために、登記義務者が遺贈者の相続人全員であることを証明する戸籍謄本が求められます（不登令7①五）。

　遺贈による所有権移転登記の原因日付は、原則はその遺贈の効力発生日（遺言者が死亡した日）です。しかし遺贈の対象不動産が農地の場合は、相続人以外の者に対する特定遺贈については、農地法所定の許可が必要となり（農地規15五）、遺言者死亡後にその許可を得たときは、その許可書が到達した日が登記原因日付となります。

　必要な添付情報は、以下になります。
① 登記原因証明情報（遺言書、遺贈者の戸籍（除籍）謄本（全部事項証明書）、遺贈者の住民票の除票又は戸籍の除附票、受遺者の戸籍謄本（全部事項証明書）、相続人全員の戸籍謄本（全部事項証明書）、農地法の許可書（農地を相続人以外の受遺者へ特定遺贈する場合））
② 遺贈者の登記識別情報又は登記済証
③ 遺贈者の相続人全員の印鑑証明書
④ 受遺者の住民票の写し（住所証明情報）
⑤ 代理権限証明情報
⑥ 固定資産評価証明書

116　　第1章　所有権に関する登記

```
┌─────────────────────────────────────────────┐
│          添付情報のチェックポイント          │
└─────────────────────────────────────────────┘
```

添付情報	確 認 事 項
□登記原因証明情報	
□遺言書	□受遺者が登記権利者と符合しているか □対象不動産が遺贈の対象となっているか □遺言執行者の指定がないか □自筆証書遺言の場合は家庭裁判所で検認の手続がなされているか ※公正証書遺言の場合は正本でも謄本でもどちらでも差し支えない ※法務局における遺言書の保管等に関する法律（平30法73）により法務局で保管した自筆証書遺言は検認手続が不要になる（令和2年7月10日施行）
□遺贈者の戸籍 　　（除籍）謄本(全 　　部事項証明書)	□遺贈者が死亡した旨及び死亡年月日を記載上確認できるか
□遺贈者の住民票 　　の除票又は戸籍 　　の除附票	□遺贈者死亡時の本籍が掲載されている住民票となっているか □遺贈者死亡時の住所と登記簿上の住所とが符合しているか
□受遺者の戸籍謄 　　本（全部事項証 　　明書)	□遺贈者が死亡した時点で受遺者が生存していることを記載上確認できるか
□相続人全員の戸 　　籍謄本（全部事 　　項証明書)	□遺贈者の相続人が登記義務者と符合しているか □配偶者である場合は婚姻事項の記載があるか □子（嫡出子）である場合は出生事項に嫡出子の

第1章　所有権に関する登記　　117

	記載があるか
	□非嫡出子である場合は認知事項が記載されているか
	□相続人の子が参加している場合は親権、未成年者の後見事項が記載されているか
	※相続人が遺言者と同じ戸籍に入っていて、「遺贈者の戸籍謄本」に相続人も掲載されている場合は省略できる
□農地法の許可書（農地を相続人以外の受遺者へ特定遺贈する場合）	□当該不動産が農地であるか □相続人以外の遺贈者に対する特定遺贈であるか ※上記に該当しなければ添付不要
□遺贈者の登記識別情報又は登記済証	□遺贈者が当該不動産を取得したときの登記申請受付年月日及び受付番号が登記簿と符合しているか
□遺贈者の相続人全員の印鑑証明書	□登記申請日より3か月以内に発行されたものであるかどうか
□受遺者の住民票の写し（住所証明情報）	□不動産の名義を取得する相続人の住民票はあるか（名義を取得しない相続人の分は不要） ※原本還付を受ける場合は住民票の写しの謄本に原本証明の記載を付し、住民票の写しとともに提出する ※住民票コードを作成した場合は省略できる
□代理権限証明情報	□委任された内容は特定されているか ※遺贈者の相続人全員は実印を押印する必要がある ※受遺者は実印を押印する必要はない ※保存行為として特定の相続人からの申請の場合

	に、申請人とならなかった他の相続人には登記識別情報が通知されないので注意が必要
□固定資産評価証明書	□最新年度のものとなっているか □地積等、面積は登記簿上のものと符合しているか

第1章　所有権に関する登記　　119

〔28〕　贈与・寄附による移転の場合

　贈与とは、贈与者が受贈者に対して、無償で、財産を与えることを目的とする諾成契約です（民549）。一方、寄附とは、贈与者が国や公益法人などに対して、公共・福祉等の事業のために、無償で、財産を与えることを指します。民法上は寄附の文言は定義されておらず、贈与の1つとして解釈されています。贈与の場合は登記原因は「贈与」、一方寄附の場合は「寄附」とします。

　贈与及び寄附は書面によらない場合は、履行が終了していない部分は取り消すことができます（民550）。当該不動産の所有権移転登記がされていなくても、引渡しが完了していれば履行したとされますが（大判明43・10・10民録16・673、大判大9・6・17民録26・911）、所有権移転登記が経由された時は、引渡しの有無を問わず履行したと解されており（最判昭40・3・26判時406・51）、贈与及び寄附による不動産の所有権移転登記の有無は履行の終了に影響を与えます。なお、贈与・寄附された不動産が二重譲渡されているときは、所有権移転登記による対抗要件の具備の有無によってその優劣が決まります。

　贈与及び寄附による所有権移転登記を行う場合、その成立の事実については、登記原因証明情報にて証していく必要があります（不登令別表三十）。贈与者による贈与の意思の申込みと受贈者による承諾の意思が合致した日が、所有権移転の登記原因日付となります。

　「贈与」「寄附」を登記原因として所有権移転登記を行う場合に必要な添付情報は、共通して以下のとおりです。なお、当該土地が農地の場合、農地法の許可書の添付が必要です（不登令7①五ハ）。また、贈与及び寄附の当事者が未成年の場合は、親権者等法定代理人が未成年者に代わって法律行為を行う必要がありますので、未成年者と法定代理

人との関係を証する戸籍（除籍）謄本を添付する必要があります（不登令7①二）。この場合の戸籍（除籍）謄本の有効期間は3か月以内とされています（不登令17①）。

① 登記原因証明情報（贈与（寄附）契約書、農地法の許可書（当該不動産が農地の場合）、当事者と法定代理人とが記載された戸籍（除籍）謄本（当事者が未成年の場合））

② 贈与者の登記識別情報又は登記済証

③ 贈与者の印鑑証明書

④ 受贈者の住民票の写し（住所証明情報）

⑤ 代理権限証明情報

⑥ 固定資産評価証明書

```
┌─────────────────────────────────────────┐
│          添付情報のチェックポイント          │
└─────────────────────────────────────────┘
```

添付情報	確 認 事 項
□登記原因証明情報	
□贈与（寄附）契約書	□贈与者の署名・捺印があるか □贈与・寄附の効力が生じている要件が記載されているか □不動産の表示が登記簿と符合しているか ※実印を押印する必要はない
□農地法の許可書（当該不動産が農地の場合）	□当該不動産の管轄する自治体の農業委員会からの許可が得られているか
□当事者と法定代理人とが記載された戸籍（除籍）謄本（当事者が	□未成年者の法定代理人としての代理権が有効であることが記載上確認できるか □登記申請日より3か月以内に発行されたものであるかどうか

第1章　所有権に関する登記　　121

未成年の場合)	※登記申請の法律行為は法定代理人が行う
□贈与者の登記識別情報又は登記済証	□贈与者が当該不動産を取得したときの登記申請受付年月日及び受付番号が登記簿と符合しているか
□贈与者の印鑑証明書	□登記申請日より3か月以内に発行されたものであるか
□受贈者の住民票の写し（住所証明情報）	□不動産の名義を取得する相続人の住民票はあるか（名義を取得しない相続人の分は不要） ※原本還付を受ける場合は住民票の写しの謄本に原本証明の記載を付し、住民票の写しとともに提出する ※住民票コードを作成した場合は省略できる
□代理権限証明情報	□委任された内容は特定されているか ※贈与者は実印を押印する必要がある ※受贈者は実印を押印する必要はない
□固定資産評価証明書	□最新年度のものとなっているか □地積等、面積は登記簿上のものと符合しているか

〔29〕　死因贈与による移転の場合

　不動産を「年月日相続」を原因とした相続登記ではなく「年月日死因贈与」を原因として登記するには、それを証する死因贈与契約書等の添付が必要です（不登61、不登令7）。

　死因贈与契約書を提供する場合、登記申請の前提条件として、当該死因贈与契約が有効に成立している必要があります。有効に死因贈与契約が成立するためには、被相続人（以下「贈与者」といいます。）の生前に受贈者との契約が成立していることが必要であり、贈与意思と受贈意思の一致が必要となります。この場合当事者に当たるのは、不動産所有者である贈与者と受贈者（推定相続人であるか否かにかかわらないです。）となります。

　単なる贈与と異なるのは贈与者の死亡をもって初めて当該契約が発効する点にあります（民554・985）。

　実体法上は贈与者の押印は実印でなくても契約自体は成立しますが、登記手続上は前提として私文書で死因贈与契約書を作成した場合は、実印が要求されます（登研566・131、761・142）。実印でない場合は、登記手続に贈与者の全相続人の関与が必須となります。

　また、死因贈与契約書に死因贈与契約執行者が定められている場合もあり、この場合は登記申請添付書面が異なってきます。

　執行者が定められている場合は、執行者が受贈者と共同して登記申請可能になります。執行者は受贈者を兼ねていても構いません。

　上記のとおり死因贈与による移転登記の場合は、死因贈与契約書が公正証書か否か、執行者が定められているか否かで添付情報が大きく変わる点が特筆すべき点になります。

　以下ケースに分けて必要な添付情報を示していきます。

第1章　所有権に関する登記　　123

1　私文書である場合（執行者の定めがない場合）

① 登記原因証明情報（死因贈与契約書、贈与者の戸籍謄本（全部事項証明書）、贈与者の住民票の除票又は戸籍の除附票、贈与者の相続人全員の戸籍謄本（全部事項証明書））

② 登記識別情報又は登記済証

③ 贈与者の印鑑証明書（贈与者の相続人全員の印鑑証明書）

④ 不動産を取得する受贈者の住民票の写し（住所証明情報）

⑤ 代理権限証明情報

⑥ 固定資産評価証明書

2　私文書である場合（執行者の定めがある場合）

① 登記原因証明情報（死因贈与契約書、贈与者の戸籍謄本（全部事項証明書）、贈与者の住民票の除票又は戸籍の除附票、贈与者の相続人全員の戸籍謄本（全部事項証明書））

② 登記識別情報又は登記済証

③ 贈与者の印鑑証明書又は贈与者の相続人全員の印鑑証明書付の承諾書

④ 不動産を取得する受贈者の住民票の写し（住所証明情報）

⑤ 代理権限証明情報（執行者の権限証明としての死因贈与契約書及び委任状）

⑥ 固定資産評価証明書

3　公正証書で執行者が定められていない場合

① 登記原因証明情報（死因贈与契約公正証書、贈与者の戸籍謄本（全部事項証明書）、贈与者の住民票の除票又は戸籍の除附票、贈与者の相続人全員の戸籍謄本（全部事項証明書））

② 登記識別情報又は登記済証

124 第1章 所有権に関する登記

③ 贈与者の印鑑証明書（贈与者の相続人全員の印鑑証明書）
④ 不動産を取得する受贈者の住民票の写し（住所証明情報）
⑤ 代理権限証明情報
⑥ 固定資産評価証明書

4 公正証書で執行者が定められている場合

① 登記原因証明情報（死因贈与契約公正証書、贈与者の戸籍謄本（全部事項証明書）、贈与者の住民票の除票又は戸籍の除附票）
② 登記識別情報又は登記済証
③ 不動産を取得する受贈者の住民票の写し（住所証明情報）
④ 代理権限証明情報（執行者の権限証明）
⑤ 固定資産評価証明書

添付情報のチェックポイント

1 私文書である場合（執行者の定めがない場合）

添付情報	確認事項
□登記原因証明情報	
□死因贈与契約書	□贈与者（被相続人）の住所記載、署名・押印があるか □贈与者の押印は実印か □受贈者の住所記載、署名・押印があるか □執行者の指定があるか □不動産の表示が登記簿と符合しているか ※不動産の地目・地積・種類・構造・床面積等は記載しなくても差し支えない
□贈与者の戸籍謄本（全部事項証明書）	□死亡の事実は記載されているか

第1章　所有権に関する登記　　　125

□贈与者の住民票の除票又は戸籍の除附票	□登記名義人の住所と贈与者の住所が符合しているか
□贈与者の相続人全員の戸籍謄本（全部事項証明書）	□配偶者である場合は婚姻事項の記載があるか □子（嫡出子）である場合は出生事項に嫡出子の記載があるか □非嫡出子である場合は認知事項が記載されているか ※相続人が贈与者と同じ戸籍に入っていて、「被相続人の戸籍謄本」に相続人も掲載されている場合は省略できる
□登記識別情報又は登記済証	□遺贈者が当該不動産を取得したときの登記申請受付年月日及び受付番号が登記簿と符合しているか
□贈与者の印鑑証明書	□承諾書に実印が押印されているか □登記申請日より3か月以内に発行されたものであるか
契約書の贈与者の押印が実印でない場合	
□贈与者の相続人全員の印鑑証明書	□登記申請日より3か月以内に発行されたものであるか
□不動産を取得する受贈者の住民票の写し（住所証明情報）	□個人番号の記載がないものであるか ※原本還付を受ける場合は住民票の写しのコピーを提出する ※住民票コードを作成した場合は省略できる
□代理権限証明情報	□委任された内容は特定されているか □義務者相続人は実印を押印しているか

126 第1章 所有権に関する登記

添付情報	確認事項
□固定資産評価証明書	□最新年度のものとなっているか □地積等、面積は登記簿上のものと符合しているか

2 私文書である場合（執行者の定めがある場合）

添付情報	確認事項
□登記原因証明情報	
□死因贈与契約書	□贈与者（被相続人）の住所記載、署名・押印があるか □贈与者の押印は実印か □受贈者の住所記載、署名・押印があるか □執行者の指定があるか □不動産の表示が登記簿と符合しているか ※不動産の地目・地積・種類・構造・床面積等は記載しなくても差し支えない
□贈与者の戸籍謄本（全部事項証明書）	□死亡の事実は記載されているか
□贈与者の住民票の除票又は戸籍の除附票	□登記名義人の住所と贈与者の住所が符合しているか
□贈与者の相続人全員の戸籍謄本（全部事項証明書）	□配偶者である場合は婚姻事項の記載があるか □子（嫡出子）である場合は出生事項に嫡出子の記載があるか □非嫡出子である場合は認知事項が記載されているか ※相続人が贈与者と同じ戸籍に入っていて、「被

第1章 所有権に関する登記　　　127

添付情報	確認事項
	相続人の戸籍謄本」に相続人も掲載されている場合は省略できる
□登記識別情報又は登記済証	□遺贈者が当該不動産を取得したときの登記申請受付年月日及び受付番号が登記簿と符合しているか
□贈与者の印鑑証明書又は贈与者の相続人全員の印鑑証明書付の承諾書	□承諾書に実印が押印されているか □登記申請日より3か月以内に発行されたものであるか
□不動産を取得する受贈者の住民票の写し（住所証明情報）	□個人番号の記載がないものであるか ※原本還付を受ける場合は住民票の写しのコピーを提出する ※住民票コードを作成した場合は省略できる
□代理権限証明情報（執行者の権限証明）	□委任された内容は特定されているか □義務者相続人は実印を押印しているか □執行者の印鑑証明書は登記申請日より3か月以内に発行されたものであるか □執行者の資格証明書として死因贈与契約公正証書は添付されているか
□固定資産評価証明書	□最新年度のものとなっているか □地積等、面積は登記簿上のものと符合しているか

3　公正証書である場合（執行者の定めがない場合）

添付情報	確　認　事　項
□登記原因証明情報	
□死因贈与契約公正証書	□不動産の表示が登記簿と符合しているか ※不動産の地目・地積・種類・構造・床面積等は記

	載しなくても差し支えない
□贈与者の戸籍謄本（全部事項証明書）	□死亡の事実は記載されているか
□贈与者の住民票の除票又は戸籍の除附票	□登記名義人の住所と贈与者の住所が符合しているか
□贈与者の相続人全員の戸籍謄本（全部事項証明書）	□配偶者である場合は婚姻事項の記載があるか □子（嫡出子）である場合は出生事項に嫡出子の記載があるか □非嫡出子である場合は認知事項が記載されているか ※相続人が贈与者と同じ戸籍に入っていて、「被相続人の戸籍謄本」に相続人も掲載されている場合は省略できる
□登記識別情報又は登記済証	□遺贈者が当該不動産を取得したときの登記申請受付年月日及び受付番号が登記簿と符合しているか
□贈与者の印鑑証明書	□承諾書に実印が押印されているか □登記申請日より3か月以内に発行されたものであるか
契約書の贈与者の押印が実印でない場合	
□贈与者の相続人全員の印鑑証明書	□登記申請日より3か月以内に発行されたものであるか
□不動産を取得する受贈者の住民票の写し（住所証明情	□個人番号の記載がないものであるか ※原本還付を受ける場合は住民票の写しのコピーを提出する

第1章 所有権に関する登記 129

添付情報	確認事項
報)	※住民票コードを作成した場合は省略できる
□代理権限証明情報	□委任された内容は特定されているか □義務者相続人は実印を押印しているか
□固定資産評価証明書	□最新年度のものとなっているか □地積等、面積は登記簿上のものと符合しているか

4 公正証書である場合（執行者の定めがある場合）

添付情報	確認事項
□登記原因証明情報	
□死因贈与契約公正証書	□執行者の指定があるか □不動産の表示が登記簿と符合しているか ※不動産の地目・地積・種類・構造・床面積等は記載しなくても差し支えない
□贈与者の戸籍謄本（全部事項証明書）	□死亡の事実は記載されているか
□贈与者の住民票の除票又は戸籍の除附票	□登記名義人の住所と贈与者の住所が符合しているか
□登記識別情報又は登記済証	□遺贈者が当該不動産を取得したときの登記申請受付年月日及び受付番号が登記簿と符合しているか
□不動産を取得する受贈者の住民票の写し（住所証明情報）	□個人番号の記載がないものであるか ※原本還付を受ける場合は住民票の写しのコピーを提出する ※住民票コードを作成した場合は省略できる

□代理権限証明情報 　（執行者の権限証 　明）	□委任された内容は特定されているか □義務者相続人は実印を押印しているか □死因贈与契約公正証書は添付されているか □登記申請日より3か月以内に発行された執行者 　の印鑑証明書は添付されているか
□固定資産評価証明 　書	□最新年度のものとなっているか □地積等、面積は登記簿上のものと符合している 　か

　上記4の場合は、贈与者の相続人の関与なくして登記手続が可能になります。

　上記1、3の場合でも別途家庭裁判所にて執行者選任審判が確定し執行者が定められた場合は、審判内容にもよりますが2、4に準じた添付書面になります。

　また、死因贈与による相続登記の場合は、所有権移転の登録免許税は本則の1,000分の20がかかり、不動産取得税も課税される点に注意する必要があります。

　本テーマとは間接的関係になりますが、共同申請による申請構造のため、贈与者の住所（氏名）が登記簿上と異なっていれば移転登記前提で亡贈与者の所有権登記名義人住所（氏名）変更登記等も必要になる論点があります。

　さらに、死因贈与契約書に仮登記を許諾する旨の記載がある場合は、始期付所有権移転仮登記を経由することも可能となります。

〔30〕 財産の拠出により一般財団法人へ移転する場合

　生前に相続対策の一環として、自己所有の不動産を、一般財団法人に拠出する方法にて、一般財団法人を設立する場合があります。

　一般財団法人を設立する際に、設立者は価額300万円以上の金銭あるいは金銭以外の財産の拠出の履行を行わなければなりませんが（一般法人153②・157①）、不動産を拠出する場合、拠出した不動産は一般財団法人名義に所有権を移転する必要があります。当該財産は、一般財団法人の成立の時から当該一般財団法人に帰属しますので（一般法人164）、当該所有権移転登記の登記原因日付も当該一般財団法人が成立した日が該当します。

　一般財団法人の設立に際して設立者が拠出をする財産及びその価額は、一般財団法人の定款の絶対的記載事項にされており（一般法人153①五）、また設立時理事及び設立時監事は、その選任後遅滞なく、財産の拠出の履行が完了していることを調査しなければなりません（一般法人161①一）。

　そこで、当該所有権移転登記における登記原因証明情報では、①当該一般財団法人の設立の際に設立者が不動産を拠出している事実、②当該不動産を新たに取得した一般財団法人が成立した事実、③一般財団法人の成立に伴い設立者から所有権が移転した事実を証する必要がありますので、当該一般財団法人の定款又は設立者が当該不動産の拠出の履行の完了に関する設立時理事及び設立時監事が作成した調査報告書を添付するか、あるいは登記の原因となる事実又は法律行為が発生した事実を記載した報告書を作成します。

　なお、当該不動産の拠出による所有権移転登記の登記原因は「一般

社団法人及び一般財団法人に関する法律第157条第1項の財産の拠出」
とします。

　必要な添付情報は、以下になります。

①　登記原因証明情報（一般財団法人の定款又は調査報告書等）

②　現在の所有者の登記識別情報又は登記済証

③　現在の所有者の印鑑証明書

④　代理権限証明情報

⑤　固定資産評価証明書

添付情報のチェックポイント

添付情報	確 認 事 項
□登記原因証明情報	
□一般財団法人の定款又は調査報告書等	□一般財団法人の定款において定められた財産の拠出として不動産を拠出していることが記載されているか □不動産の新所有者となる一般財団法人が成立し、所有権が移転した事実が記載されているか □不動産の表示が登記簿と符合しているか □（報告形式で作成する場合）現所有者の署名・捺印はあるか
□現所有者の登記識別情報又は登記済証	□当該不動産を取得したときの登記申請受付年月日及び受付番号が登記簿と符合しているか
□現所有者の印鑑証明書	□登記申請日より3か月以内に発行されたものであるかどうか
□代理権限証明情報	□委任された内容は特定されているか ※原所有者は実印を押印する必要がある

第1章　所有権に関する登記　　133

	□拠出を受ける一般財団法人の代表者の資格を証する証明書が添付されているか
□固定資産評価証明書	□最新年度のものとなっているか □地積等、面積は登記簿上のものと符合しているか

（売買による所有権移転）

> # 〔31〕 生前売買（買主・売主の相続開始）の場合

　売買契約締結後、所有権移転登記未了の間に買主たる登記権利者が死亡した場合、その相続人は、生前売買の所有権移転登記義務を承継し、相続人が登記権利者たる被相続人に代わって登記申請をすることになります（不登62）。注意点としては、この場合、直接買主の相続人へ所有権移転登記をすることはできない点であり（登研308・77）、これは売主と買主の相続人の間には直接権利変動が生じていないからです。

　申請人は、生前売買の登記権利者（買主）の相続人が複数人いる場合は、原則として、相続人全員が登記申請人となります。もっとも、以下のとおりの事情がある場合は、その者は申請人にはなりません。

① 相続放棄した者
② 相続欠格者・廃除者
③ 保存行為として相続人のうちの1人から登記申請した場合の他の相続人（民252ただし書）

　添付書面として、相続があったことを証する情報が必要になります（不登62、不登令7①五イ）。また前記③の保存行為で相続人のうちの1人から登記申請をした場合は、その者が相続人であることを証する書面を添付すれば足ります。

　必要な添付情報は、以下になります。

　なお、売主に相続が開始した場合も基本的には同様の対応となりますが、売主の相続人の印鑑証明書の添付が必要になるので、注意が必要です。

第1章 所有権に関する登記　　135

① 登記原因証明情報（売買を証する書面、被相続人の戸籍（除籍）
　謄本(全部事項証明書)、被相続人の住民票の除票又は戸籍の除附票、
　戸籍謄（抄）本）
② 登記識別情報又は登記済証
③ 印鑑証明書
④ 不動産を取得する被相続人の住民票（除票）の写し（住所証明情
　報）
⑤ 代理権限証明情報
⑥ 固定資産評価証明書

添付情報のチェックポイント

添付情報	確　認　事　項
□登記原因証明情報	
□売買を証する書面	□生前の売買契約書を基にしているか □義務者の押印はあるか □権利者表記は「亡○○左記相続人」等の振り合いになっているか
□被相続人の戸籍（除籍)謄本(全部事項証明書)	□出生から死亡までの本籍地が記載された戸籍（除籍、改製原戸籍）謄本が揃っているか
□被相続人の住民票の除票又は戸籍の除附票	□被相続人（売主の場合）の死亡時の住所が記載されているもので登記簿上の住所と符合しているか
□戸籍謄（抄）本	□買主が亡くなっている場合で、保存行為の場合、申請人になっている者の戸籍謄（抄）本は添付されているか □相続人全員で申請する場合、相続人全員の戸籍

	謄（抄）本は添付されているか
□登記識別情報又は 登記済証	□当該不動産を取得したときの登記申請受付年月 日及び受付番号が登記簿と符合しているか
□印鑑証明書	□登記申請日より3か月以内に発行されたもので あるかどうか ※売主に相続が発生した場合は、相続人全員の印 鑑証明書が必要
□不動産を取得する 被相続人の住民票 （除票)の写し(住 所証明情報）	□買主（被相続人）の死亡時の住所を証する住民 票（除票）となっているか
□代理権限証明情報	□委任された内容は特定されているか □義務者の実印は押印されているか □権利者相続人の押印はあるか
□固定資産評価証明 書	□最新年度のものとなっているか □地積等、面積は登記簿上のものと符合している か

（相続登記の更正）

〔32〕 共同相続を単独相続に更正する場合

　共同相続登記後に、単独相続に更正する場合には、以下の場合が考えられます。

① 遺産分割協議の成立前に共同相続登記を経た場合ではなく、本ケースはそもそも遺産分割協議書の誤記により、誤った相続登記がされた場合

② 遺産分割協議が成立していたにもかかわらず、法定相続分にて相続登記を経由してしまった場合

③ 法定相続後、寄与分が定められた場合

④ 法定相続後、特別受益があった場合

⑤ 法定相続後、遺言書が発見された場合

　また、更正登記がそもそも可能であることの前提として、更正登記の前後で同一性が要求されます。例えば、A、B共有にて誤った相続登記をしたものを、A又はBが更正後も相続人として登記される場合です。

　共同相続人として登記記録に記載された者のうち、更正後もその者が登記記録に残ることになる場合には更正登記が可能になります。

　上記の前提と異なる場合（例えばA1人で登記したものをB1人に登記し直す場合等）は同一性が認められずに抹消登記を行うことになります。さらに、遺産分割協議の再分割に該当する場合は、誤記等による原始的不一致ではないので更正登記を行うことはできません。

　こうした場合は除かれることから本ケースの更正登記は狭い範囲で解釈を行う必要があります。

　また、本テーマとは趣が異なりますが、既に相続税申告等を済ませ

ていた場合、修正申告が必要であったり、場合によっては贈与にみなされてしまう場合もありますので、適宜確認をした方が賢明です。

本登記手続を行う場合、相続登記の1種ではありますが、単独申請構造ではなく、共同申請の方式を採ることが第1のポイントです（不登18・60）。また、共同申請である以上、権利者・義務者の概念があり、誤って相続登記を経た者の登記識別情報（登記済証）も添付する必要があります。

第2のポイントとしては、登記原因証明情報の記載内容が挙げられます。どのような理由で更正登記を行うのかを記載する必要があるためです。この登記原因証明情報には、少なくとも、更正によって所有権を失うことになる者（義務者）の押印は必須です（不登令16②③）。

また、誤記であること、誤った内容で作成された遺産分割協議書を用いて相続登記を経由してしまった経緯も示されている必要があります。

共同相続登記後に、寄与分が定められた場合、特別受益があった場合、遺言書が発見された場合は、それぞれの寄与分証明書、特別受益証明書、遺言書等が錯誤を証する書面として登記原因証明情報に該当します。

しかしながら、いずれの場合でも、調停や和解等の訴訟行為によって認められた場合は、判決による登記権利者による単独登記申請となります（不登63）。この場合、義務者側の登記申請意思擬制により印鑑証明書や登記識別情報等を含む一切の添付書面が不要になります。

登録免許税は不動産の個数1個につき1,000円の定額課税です（登免別表1①（十四））。

必要な添付情報は、以下になります。

① 登記原因証明情報（相続人全員の戸籍謄本（全部事項証明書）、錯誤があったことを証する書面）

第1章　所有権に関する登記　　139

② 登記識別情報又は登記済証

③ 印鑑証明書

④ 代理権限証明情報

添付情報のチェックポイント

添付情報	確 認 事 項
□登記原因証明情報	
□相続人全員の戸籍謄本（全部事項証明書）	□被相続人の死亡日以降に取得されたものであるか □配偶者である場合は婚姻事項の記載があるか □子（嫡出子）である場合は、出生事項に嫡出子の記載はあるか □非嫡出子の場合、認知事項が記載されているか ※相続人が被相続人と同じ戸籍に入っていて「被相続人の戸籍謄本」に相続人も掲載されている場合添付は不要
□錯誤があったことを証する書面	
□遺産分割協議書	□更正の要件を満たしたものになっているか □相続人全員の署名・押印（実印）があるか □申請人以外の者の印鑑証明書はあるか（昭30・4・23民甲742） □添付した印鑑証明書は相続人の戸籍謄本（全部事項証明書）と氏名、生年月日が同一であるか（昭43・3・28民三114） ※遺産分割協議書が公正証書で作成されていれば印鑑証明書は不要
寄与分の場合	□寄与分を証する書面が添付されているか
特別受益の場合	□特別受益を証する書面が添付されているか

遺言があった場合	□遺言書が添付されているか
調停調書又は和解調書の場合	□調停調書（和解調書）が添付されているか ※これらの調書を用いたときは代理権限証明情報以外の添付情報は不要
□登記識別情報又は登記済証	□当該不動産を取得したときの登記申請受付年月日及び受付番号が登記簿と符合しているか
□印鑑証明書	□登記申請日より3か月以内に発行されたものであるかどうか
□代理権限証明情報	□委任された内容は特定されているか □義務者の実印は押印されているか ※保存行為として特定の相続人からの申請の場合に、申請人とならなかった他の相続人には登記識別情報が通知されないので注意が必要

第1章 所有権に関する登記 141

〔33〕 単独相続を共同相続に更正する場合

　本ケースは、遺産分割協議書を用いて相続人のうち単独名義にて相続登記を経た場合で、実はそもそもの遺産分割協議書が誤っており、誤った相続登記がされた場合を想定しています。

　〔32〕と同様に、更正対象当事者の更正前後の同一性が要求されます。例えばA単独名義にて誤った遺産分割協議書を用いて相続登記したものをA及びBが更正後も相続人として登記される場合です。A単独名義をAを含まないB、Cに更正することはできません。

　上記の前提と異なる場合（例えばA1人で登記したものをB1人に登記し直す場合等）は同一性が認められずに抹消登記を行うか、真正な登記名義人の回復による移転登記を行うことになります。経済的な観点から見れば、一旦抹消登記を経て改めて相続登記を行う方が登録免許税は安価で済むことがほとんどかと思います。

　さらに、A及びBへの更正登記の注意点として、更正登記を行う前に抵当権等の担保権が登記されていないかを確認する必要があります。登記法上は、担保権が登記されているときは、利害関係人としての担保権者の承諾書（不登68）を添付できれば、更正登記を行うことは可能ではありますが、担保権者は不動産の処分価値に着目して、担保権を設定しているため、現実問題なかなか難しいことが往々にしてあります。こうした場合は、一旦、承諾書を用いて更正登記を行い、Aの持分のみに新たに所有権を取得した者の持分に及ぼす変更登記をかけていくことになります。

　また本ケースとは趣が異なりますが、既に相続税申告等を済ませていた場合、修正申告が必要であったり、場合によっては贈与にみなされてしまう場合もありますので、適宜確認をした方が賢明です。

142　　　第1章　所有権に関する登記

　本登記手続を行う場合、登録免許税は不動産の個数1個につき1,000円の定額課税です（登免別表1①（十四））。

　必要な添付情報は、以下になります。

①　登記原因証明情報（相続人全員の戸籍謄本（全部事項証明書）、遺産分割協議書（印鑑証明書添付））

②　登記識別情報又は登記済証

③　更正登記により所有権の一部を失う者の印鑑証明書

④　利害関係人の承諾書（印鑑証明書添付）又は裁判の謄本

⑤　不動産を取得する相続人の住民票の写し（住所証明情報）

⑥　代理権限証明情報

添付情報のチェックポイント

添付情報	確　認　事　項
□登記原因証明情報	
□相続人全員の戸籍謄本（全部事項証明書）	□被相続人の死亡日以降に取得されたものであるか □配偶者である場合は婚姻事項の記載があるか □子（嫡出子）である場合は、出生事項に嫡出子の記載はあるか □非嫡出子の場合、認知事項が記載されているか ※相続人が被相続人と同じ戸籍に入っていて「被相続人の戸籍謄本」に相続人も掲載されている場合添付は不要
□遺産分割協議書	□更正の要件を満たしたものになっているか □相続人全員の署名・押印（実印）があるか □申請人以外の者の印鑑証明書はあるか（昭30・4・23民甲742） □添付した印鑑証明書は相続人の戸籍謄本（全部

第1章 所有権に関する登記 143

	事項証明書）と氏名、生年月日が同一であるか（昭43・3・28民三114） ※遺産分割協議書が公正証書で作成されていれば印鑑証明書は不要
□登記識別情報又は登記済証	□当該不動産を取得したときの登記申請受付年月日及び受付番号が登記簿と符合しているか
□更正登記により所有権の一部を失う者の印鑑証明書	□登記申請日より3か月以内に発行されたものであるかどうか
□利害関係人の承諾書（印鑑証明書添付）又は裁判の謄本	□当該利害関係人の印鑑証明書は添付されているか ※単独相続の登記後に抵当権等の登記がなされている場合に必要
□不動産を取得する相続人の住民票の写し（住所証明情報）	□不動産の名義を取得する相続人の住民票はあるか（名義を取得しない相続人の分は不要） ※住民票コードを作成した場合は省略できる
□代理権限証明情報	□委任された内容は特定されているか □義務者の実印は押印されているか

144 第1章 所有権に関する登記

〔34〕 共同相続登記後相続人の一部を追加する更正（相続登記後認知の判決が確定した）の場合

共同相続登記後に、認知の判決が確定した場合は、認知された子（非嫡出子）が追加される更正登記を申請することになります。

登記事項は、「更正後の事項」共有者として、先の共同相続人全員（持分変動のない者を含みます。）を記載します。

申請人は新たに追加される者が権利者、持分減少する者が義務者になる共同申請になりますが、判決によるときは権利者の単独申請で行うことができます（不登63）。

登録免許税は不動産1個につき1,000円の定額課税です（登免別表1①（十四））。

必要な添付情報は、以下になります。

① 登記原因証明情報（判決正本）
② 利害関係人の承諾書（印鑑証明書添付）又は裁判の謄本
③ 不動産を取得する相続人の住民票の写し（住所証明情報）
④ 代理権限証明情報

添付情報のチェックポイント

添付情報	確 認 事 項
□登記原因証明情報	
□判決正本	□認知の判決が確定したものとなっているか
□利害関係人の承諾書（印鑑証明書添	□当該利害関係人の印鑑証明書は添付されているか

付）又は裁判の謄本	
□不動産を取得する相続人の住民票の写し（住所証明情報）	□不動産の名義を取得する相続人の住民票はあるか（名義を取得しない相続人の分は不要） ※住民票コードを作成した場合は省略できる
□代理権限証明情報	□委任された内容は特定されているか ※認印でよい

〔35〕 共同相続人中の胎児を死産した場合

　相続人が、妻及び子（胎児）のみの場合において、被相続人の妻及び胎児名義での相続登記後に胎児が死産した場合には、相続登記を更正する登記をすることになります。

　申請構造は、権利者及び義務者の共同申請になります。

　権利者には、被相続人の第2順位以降の法定相続人が該当します。

　義務者の記載に胎児名義の相続登記を申請した際と同様に記載することがポイントになり、具体的には以下の振り合いになります。

　　義務者：「亡夫氏名妻氏名胎児」

　また、更正後の事項として、被相続人であった夫の直系尊属が生存している場合は、妻の相続分が3分の2になりますので、持分も先の胎児との共有名義では各持分2分の1であったものが法定相続分に増加することになります（例：直系尊属の亡夫の父母がいる場合は妻の持分は6分の4になります）。

　登録免許税は不動産1個につき1,000円の定額課税になります（登免別表1①（十四））。

　必要な添付情報は、以下になります。

① 　登記原因証明情報（相続人全員の戸籍謄本（全部事項証明書））
② 　登記識別情報又は登記済証
③ 　胎児の母の印鑑証明書
④ 　不動産を取得する相続人の住民票の写し（住所証明情報）
⑤ 　代理権限証明情報

第1章　所有権に関する登記　　　147

添付情報のチェックポイント

添付情報	確　認　事　項
□登記原因証明情報	
□相続人全員の戸籍謄本（全部事項証明書）	□被相続人の死亡日以降に取得されたものであるか □配偶者である場合は婚姻事項の記載があるか □子（嫡出子）である場合は、出生事項に嫡出子の記載はあるか □非嫡出子の場合、認知事項が記載されているか ※相続人が被相続人と同じ戸籍に入っていて「被相続人の戸籍謄本」に相続人も掲載されている場合添付は不要
□登記識別情報又は登記済証	□当該不動産を取得したときの登記申請受付年月日及び受付番号が登記簿と符合しているか
□胎児の母の印鑑証明書	□登記申請日より3か月以内に発行されたものであるかどうか ※胎児の相続登記の場合、未成年者の法定代理人の規定が胎児に類推適用されるため、胎児の母が申請（昭29・6・15民甲1188） ※更正登記の申請も母が胎児の代理として申請
□不動産を取得する相続人の住民票の写し（住所証明情報）	□不動産の名義を取得する相続人の住民票はあるか ※住民票コードを作成した場合は省略できる
□代理権限証明情報	□委任された内容は特定されているか □義務者の実印は押印されているか ※名義を取得する相続人からの委任状がないと委任状を出されなかった相続人の登記識別情報が通知されないので注意が必要

148　　　　第1章　所有権に関する登記

---

〔36〕　共同相続登記後に相続の放棄がされた場合

　共同相続登記後に相続放棄がされた場合、共同相続人中、一部の者が相続放棄した場合は、持分の更正登記を、全員が相続放棄した場合は、相続登記を抹消することになります。

　以下、上記の2つの場合に分けて記載します。

　(1)　一部の者が相続放棄をした場合

　共同相続人の相続持分が放棄により変動します。相続放棄は相続開始時に遡って効力を生じます(民939)ので、放棄をした者は、当該相続においては最初から相続人でなかったこととみなされ、その分共同相続人の持分を再計算することになります。

　申請人は、持分が増える者を登記権利者、放棄をした者を登記義務者とした共同申請です。相続放棄申述受理証明書を添付して権利者が単独で登記申請することは認められません(登研461・118質疑応答)。

　登録免許税は不動産1個につき1,000円の定額課税です(登免別表1①(十四))。

　必要な添付情報は、以下になります。

①　登記原因証明情報(相続放棄申述受理証明書又は相続放棄受理通知書、相続人全員の戸籍謄本(全部事項証明書))

②　登記識別情報又は登記済証

③　更正登記により共有名義を失う者の印鑑証明書

④　代理権限証明情報

　(2)　共同相続人全員が相続放棄をした場合

　この場合は、当初の共同相続登記が全くの存在価値を失いもはや更正の概念には当たらず、一度経由された相続登記を抹消したうえで、

第1章 所有権に関する登記 149

真正相続人のために相続登記をやり直すことになります。

申請人は当初の共同相続登記名義人が登記義務者、既に死亡している前所有者たる被相続人が登記権利者となりますが、登記権利者はいわゆる相続人による登記として真正相続人のうちの1人を権利者としても申請することができます（不登62、登研333・70質疑応答）。

添付情報等の詳細は〔1〕を参照してください。

添付情報のチェックポイント

添 付 情 報	確 認 事 項
□登記原因証明情報	
□相続放棄申述受理証明書又は相続放棄受理通知書	□被相続人の記載があるか □申述者（相続放棄者）の記載があるか
□相続人全員の戸籍謄本（全部事項証明書）	□被相続人の死亡日以降に取得されたものであるか □配偶者である場合は婚姻事項の記載があるか □子（嫡出子）である場合は、出生事項に嫡出子の記載はあるか □非嫡出子の場合、認知事項が記載されているか ※相続人が被相続人と同じ戸籍に入っていて「被相続人の戸籍謄本」に相続人も掲載されている場合添付は不要
□登記識別情報又は登記済証	□当該不動産を取得したときの登記申請受付年月日及び受付番号が登記簿と符合しているか
□更正登記により共有名義を失う者の印鑑証明書	□登記申請日より3か月以内に発行されたものであるかどうか

□代理権限証明情報	□委任された内容は特定されているか
	□義務者の実印は押印されているか
	※名義を取得する相続人からの委任状がないと委任状を出されなかった相続人の登記識別情報が通知されないので注意が必要

第1章　所有権に関する登記　　151

〔37〕　共同相続の登記原因を遺贈による登記に更正する場合

　本ケースでは、単に登記原因を相続から遺贈に更正する登記の場合を扱います。

　共同相続登記後、登記原因を遺贈によって更正登記を行う場合の想定されるケースとしては、共同相続登記後に遺言書が発見された場合が想定されますが、〔32〕も併せて参照してください。〔32〕においては、法定相続分によって登記された場合や、遺産分割協議によって相続登記がされた場合で後に遺言書が発見され、一部の登記名義人の所有権の存在基礎が失われるケースを想定しています。注意点としては、この場合の登記申請は共同申請になり、遺言書を添付して、いわゆる遺言書を用いた単独申請による相続登記は受理されない点があります（登研533・155、平2・1・20民三156）。また、発見された遺言書に遺言執行者の定めがあれば、執行者が登記申請人（登記義務者）として関与していきます。本登記申請の登録免許税は不動産1個につき1,000円となる定額課税です（登免別表1①（十四））。

　必要な添付情報は、以下になります。

① 　登記原因証明情報（遺言書、遺贈者の戸籍（除籍）謄本（全部事項証明書）、遺贈者の住民票の除票又は戸籍の除附票、相続人全員の戸籍謄本（全部事項証明書））
② 　登記識別情報又は登記済証
③ 　遺贈者の相続人全員の印鑑証明書
④ 　不動産を取得する相続人の住民票の写し（住所証明情報）
⑤ 　代理権限証明情報

152　　　第1章　所有権に関する登記

添付情報のチェックポイント

添付情報	確認事項
□登記原因証明情報	
□遺言書	□受遺者が登記権利者と符合しているか □対象不動産が遺贈の対象となっているか □遺言執行者の指定があるか □自筆証書遺言の場合は家庭裁判所で検認の手続がなされているか ※公正証書遺言の場合は正本でも謄本でもどちらでも差し支えない ※適宜、法務局における遺言書の保管等に関する法律（平30法73）を確認する
□遺贈者の戸籍（除籍）謄本（全部事項証明書）	□遺贈者が死亡した旨及び死亡年月日を記載上確認できるか
□遺贈者の住民票の除票又は戸籍の除附票	□遺贈者死亡時の本籍が掲載されている住民票となっているか □遺贈者死亡時の住所と登記簿上の住所とが符合しているか
□相続人全員の戸籍謄本（全部事項証明書）	□遺贈者の相続人が登記義務者と符合しているか □配偶者である場合は婚姻事項の記載があるか □子（嫡出子）である場合は出生事項に嫡出子の記載があるか □非嫡出子である場合は認知事項が記載されているか □未成年者が相続人の場合は親権、未成年者の後見事項が記載されているか ※相続人が遺言者と同じ戸籍に入っていて、「遺

第1章 所有権に関する登記

	贈者の戸籍謄本」に相続人も掲載されている場合は省略できる
□登記識別情報又は登記済証	□遺贈者が当該不動産を取得したときの登記申請受付年月日及び受付番号が登記簿と符合しているか
□遺贈者の相続人全員の印鑑証明書	□登記申請日より3か月以内に発行されたものであるかどうか
□不動産を取得する相続人の住民票の写し（住所証明情報）	□不動産の名義を取得する相続人の住民票はあるか（名義を取得しない相続人の分は不要） ※住民票コードを作成した場合は省略できる
□代理権限証明情報	□委任された内容は特定されているか ※認印でよい ※保存行為として特定の相続人からの申請の場合に、申請人とならなかった他の相続人には登記識別情報が通知されないので注意が必要

〔38〕 相続分（持分）を更正する場合

本ケースは、相続登記を経由した後、登記した相続持分が誤っており、誤った相続登記がされた場合を想定しています。

〔32〕と同様に、更正対象当事者の更正前後の同一性が要求されます。例えばAとBとCでそれぞれ持分3分の1にて登記された場合で、実はDが相続人であった場合等は、当該ケースの想定外であり抹消登記を行うことになります。あくまでも既登記当事者間での持分のみの更正に関して申請可能な登記となります。

上記の前提をクリアしている場合は、持分変動がある者についてのみが申請当事者になります（香川保一編著『不動産登記書式精義〔新訂〕上巻』1700頁（テイハン、1994））。

具体的には、持分増加する者が登記権利者、持分減少する者が登記義務者になります。更正前後を通して持分変動がない者は権利者義務者のいずれにも該当せず（登記研究編集室編『不動産登記関係質疑応答集〔追加編Ⅱ〕』430頁（テイハン、1992））、その者の関係する添付書面は必要ありません。

また本ケースとは趣が異なりますが、既に相続税申告等を済ませていた場合、修正申告が必要であったり、場合によっては贈与にみなされてしまう場合もありますので、適宜確認をした方が賢明です。

本登記手続を行う場合、登録免許税は不動産の個数1個につき1,000円の定額課税です（登免別表1①（十四））。

必要な添付情報は、以下になります。

① 登記原因証明情報（相続人全員の戸籍謄本（全部事項証明書）、遺産分割協議書）

② 登記識別情報又は登記済証

第1章 所有権に関する登記　　　155

③　一部所有権を失うことになる登記義務者の印鑑証明書

④　代理権限証明情報

※なお、住民票は新たな当事者になる場合ではないので権利者につき
　不要です。もっとも更正の前後を通じて住所変更登記が必要な場合
　は、持分更正登記の前提として所有権登記名義人住所変更登記が必
　要になります。

```
     添付情報のチェックポイント
```

添付情報	確　認　事　項
□登記原因証明情報	
□相続人全員の戸籍謄本（全部事項証明書）	□被相続人の死亡日以降に取得されたものであるか □配偶者である場合は婚姻事項の記載があるか □子（嫡出子）である場合は、出生事項に嫡出子の記載はあるか □非嫡出子の場合、認知事項が記載されているか ※相続人が被相続人と同じ戸籍に入っていて「被相続人の戸籍謄本」に相続人も掲載されている場合添付は不要
□遺産分割協議書	□更正の要件を満たしたものになっているか □相続人全員の署名・押印（実印）があるか □申請人以外の者の印鑑証明書はあるか（昭30・4・23民甲742） □添付した印鑑証明書は相続人の戸籍謄本（全部事項証明書）と氏名、生年月日が同一であるか（昭43・3・28民三114） ※遺産分割協議書が公正証書で作成されていれば印鑑証明書は不要

□登記識別情報又は登記済証	□当該不動産を取得したときの登記申請受付年月日及び受付番号が登記簿と符合しているか
□一部所有権を失うことになる登記義務者の印鑑証明書	□登記申請日より3か月以内に発行されたものであるかどうか
□代理権限証明情報	□委任された内容は特定されているか □義務者の実印は押印されているか ※保存行為として特定の相続人からの申請の場合に、申請人とならなかった他の相続人には登記識別情報が通知されないので注意が必要

第 2 章

抵当権に関する登記

158

第2章　抵当権に関する登記　　159

〔39〕　抵当権を移転する場合

　抵当権は、ある特定の債権を担保するものであるため、被担保債権が移転すれば、それに伴って抵当権も移転します（随伴性）。抵当権者に相続が発生した場合、被担保債権及び抵当権が相続人に移転することになります。

　相続が開始すれば、相続人は、被相続人の財産に属した一切の権利義務を承継します（民896）。そのため、財産権である債権も抵当権も相続によって相続人に包括承継されます。

　預貯金債権を除く可分債権は、相続開始と同時に法律上当然に分割されると解されております（最判昭29・4・8判タ40・20。ただし、預貯金債権に関しては、相続開始と同時に当然に分割されることはなく、遺産分割の対象となるとされます（最決平28・12・19判時2333・68））。

　抵当権の被担保債権が金銭債権の場合、被担保債権は可分債権であることから、法律上当然に分割されることになります。分割されたうえで、相続分に応じて相続人に承継され、それに伴って抵当権も相続分に応じて相続人に移転し、抵当権は相続人の準共有となります。

　可分債権も、当事者の合意により遺産分割の対象とすることは可能とされるので、遺産分割協議によって、特定の相続人が被担保債権を相続することになれば、その相続人は被担保債権及び抵当権を取得することになり、単独で抵当権の移転登記を申請することができます。

　なお、遺言書がある場合は、遺言書の内容に従って、抵当権の移転登記を行います。登記の手続は、所有権を移転する場合と同じように考えればよいと思われます。

　必要な添付情報は、以下になります。

① 登記原因証明情報（被相続人の戸籍（除籍）謄本（全部事項証明

書）、相続人全員の戸籍謄本（全部事項証明書）、遺産分割協議書、遺言書、相続関係説明図又は法定相続情報一覧図）

② 代理権限証明情報

> ## 添付情報のチェックポイント

添付情報	確 認 事 項
□登記原因証明情報	
□被相続人の戸籍（除籍）謄本(全部事項証明書)	□出生から死亡までの本籍地が記載された戸籍（除籍）謄本が揃っているか
□相続人全員の戸籍謄本（全部事項証明書）	□配偶者である場合は婚姻事項の記載があるか □子（嫡出子）である場合は出生事項に嫡出子の記載があるか □非嫡出子である場合は認知事項が記載されているか □相続人の子が参加している場合は親権、未成年者の後見事項が記載されているか ※相続人が被相続人と同じ戸籍に入っていて、「被相続人の戸籍謄本」に相続人も掲載されている場合は省略できる
□遺産分割協議書	□相続人全員の署名・押印（実印）があるか □被相続人の最後の住所・氏名・死亡年月日が記載されているか □不動産の表示が登記簿と符合しているか ※不動産の地目・地積・種類・構造・床面積等は記載しなくても差し支えない ※被相続人が未登記不動産を所有している可能性があるため、課税明細書等で確認し、所有不動産の記載漏れのないようにする

第2章　抵当権に関する登記　　　161

	※1通で作成しなくてもよい（昭35・12・27民甲3327） ※代襲相続の場合「A代襲相続人B」、数次相続の場合「A相続人B」のように記載 □申請人以外の者の印鑑証明書はあるか（昭30・4・23民甲742） □添付した印鑑証明書は相続人の戸籍謄本（全部事項証明書）と氏名、生年月日が同一であるか（昭43・3・28民三114） ※遺産分割協議書が公正証書で作成されていれば印鑑証明書は不要 ※有効期限はなく、被相続人の死亡日以前の日付でも問題ない
□特別受益証明書	□特別受益者がいる場合に添付されているか
□相続放棄申述受理証明書又は相続放棄受理通知書	□被相続人の記載があるか □申述者（相続放棄者）の記載があるか
□遺言書	□自筆証書の場合、全文、日付、氏名が自書され、押印がされているか ※財産目録については、自書でなくても可
□相続関係説明図	□被相続人の登記簿上の住所・最後の住所・死亡日・氏名の記載はあるか □相続人の住所・氏名・生年月日の記載はあるか □被相続人より先に死亡した相続人がいる場合、その人の死亡年月日の記載はあるか ※相続関係説明図を添付する場合、被相続人の戸籍（除籍）謄本（全部事項証明書）、被相続人の住民票除票又は戸籍の除附票、相続人全員の戸籍謄本（全部事項証明書）の原本還付が受けら

	れる
□法定相続情報一覧図	□申出人の記載がされているか
	□被相続人の最後の住所が「被相続人の住民票の除票、又は戸籍の除附票」に記載されているものと完全に符合しているか
	□最後の住所が確認できない場合、「最後の本籍地」を記載しているか
	□相続人の生年月日・被相続人との続柄・氏名を記載しているか
	※各相続人の住所を記載する場合、相続人の住所証明情報が必要
	□作成日の表示と作成者の署名（記名押印）があるか
	□用紙の下方向に余白があるか
	※この余白に登記官の記名押印が入る
	※この法定相続情報一覧図を添付すると被相続人の戸籍謄本、住民票除票、相続人の戸籍謄本の提供は不要
	＜列挙表示の場合＞
	□嫡出子と嫡出でない子、全血の兄弟姉妹と半血の兄弟姉妹を区別して表記しない場合、法定相続分の疎明資料を用意したか
□代理権限証明情報	□委任された内容は特定されているか
	※認印でよい
	※保存行為として特定の相続人からの申請の場合に、申請人とならなかった他の相続人には登記識別情報が通知されないので注意が必要

第2章　抵当権に関する登記　　163

〔40〕　債務の承継（相続）をした（共同相続人全員の申請）場合

　相続が発生すると、相続人は被相続人の財産に属した一切の権利義務を、その相続分に応じて承継します（民896・899）。

　抵当権の被担保債権は金銭債権の場合が多いかと思いますが、その抵当権の被担保債権の債務者が死亡した場合、被相続人の負っていた債務は、法律上当然に分割され、各共同相続人がその相続分に応じてこれを承継すると考えられます（最判昭34・6・19判時190・23）。

　この考え方によれば、例えば、債務者が1,000万円の債務を残して死亡し、相続人が子供2人という場合、相続人2人はそれぞれが500万円ずつの債務を承継することになります。

　必要な添付情報は、以下になります。

①　登記原因証明情報（被相続人の戸籍（除籍）謄本（全部事項証明書）、相続人全員の戸籍謄本（全部事項証明書）、相続関係説明図又は法定相続情報一覧図）若しくは報告形式の登記原因証明情報
②　登記識別情報又は登記済証
③　代理権限証明情報

```
┌─────────────────────────────────────┐
│        添付情報のチェックポイント        │
└─────────────────────────────────────┘
```

添付情報	確認事項
□登記原因証明情報	
□被相続人の戸籍（除籍）謄本（全部事項証明書）	□出生から死亡までの本籍地が記載された戸籍（除籍）謄本が揃っているか
□相続人全員の戸	□配偶者である場合は婚姻事項の記載があるか

籍謄本（全部事項証明書）	□子（嫡出子）である場合は出生事項に嫡出子の記載があるか □非嫡出子である場合は認知事項が記載されているか □相続人の子が参加している場合は親権、未成年者の後見事項が記載されているか ※相続人が被相続人と同じ戸籍に入っていて、「被相続人の戸籍謄本」に相続人も掲載されている場合は省略できる
□相続関係説明図	□被相続人の登記簿上の住所・最後の住所・死亡日・氏名の記載はあるか □相続人の住所・氏名・生年月日の記載はあるか □被相続人より先に死亡した相続人がいる場合、その人の死亡年月日の記載はあるか ※相続関係説明図を添付する場合、被相続人の戸籍（除籍）謄本（全部事項証明書）、被相続人の住民票除票又は戸籍の除附票、相続人全員の戸籍謄本（全部事項証明書）の原本還付が受けられる
□法定相続情報一覧図	□申出人の記載がされているか □被相続人の最後の住所が「被相続人の住民票の除票、又は戸籍の除附票」に記載されているものと完全に符合しているか □最後の住所が確認できない場合、「最後の本籍地」を記載しているか □相続人の生年月日・被相続人との続柄・氏名を記載しているか ※各相続人の住所を記載する場合、相続人の住所証明情報が必要 □作成日の表示と作成者の署名（記名押印）があるか

第2章　抵当権に関する登記　　165

	□用紙の下方向に余白があるか ※この余白に登記官の記名押印が入る ※この法定相続情報一覧図を添付すると被相続人の戸籍謄本、住民票除票、相続人の戸籍謄本の提供は不要 ＜列挙表示の場合＞ □嫡出子と嫡出でない子、全血の兄弟姉妹と半血の兄弟姉妹を区別して表記しない場合、法定相続分の疎明資料を用意したか
□報告形式の登記原因証明情報	□(1)相続の発生の事実、(2)債務者の相続人、(3)債務者が変更された旨が記載されているか
□登記識別情報又は登記済証	□当該不動産を取得したときの登記申請受付年月日及び受付番号が登記簿と符合しているか ※債務者兼設定者の場合は、今回の登記の前提として、相続による所有権移転登記を申請する必要があるため、その際に発行されたものを提供
□代理権限証明情報	□委任された内容は特定されているか ※認印でよい ※設定者の印鑑証明書の提供は不要（不登規47三イ(1)・48①五） ※共同相続人について相続人であることを証する情報は不要（昭46・12・27民三960）

〔41〕 共同相続人全員の債務承継の変更登記後、相続人の一部が引き受ける契約をした場合

　抵当権の被担保債権の債務者が死亡した場合、被相続人の金銭債務その他の可分債務は、法律上当然分割され、各共同相続人がその相続分に応じてこれを承継するものと解されています（最判昭34・6・19判時190・23）。この場合の、債務者を共同相続人全員とする抵当権変更登記の添付情報については〔40〕のとおりです。

　ただ実際には、共同相続人間で法定相続分とは異なる割合で債務を承継したいと考えることもあると思います（例えば、被相続人が債務者兼抵当権設定者である場合に、長男が抵当不動産の所有権を単独で取得するので、債務も全額長男が承継するなど）。

　このような相続人の希望を実現するための登記をする場合、遺産分割協議によるのか、よらないのかによって手続の流れが異なります。

　本ケースでは、遺産分割協議によらずに債務者を変更する場合の手続や添付情報について解説します。

　債務の引受が遺産分割協議によるものでないときは、共同相続人全員を債務者とする抵当権変更登記をし、その後に債務引受の抵当権変更登記をすべきとされています（昭33・5・10民甲964）。

　例えば、抵当権の被担保債権の債務者Aが死亡し、共同相続人B、Cの間で、Cが承継した債務をBが引き受ける契約をしたとします。

　この場合、まず、Aが死亡した時点でAが負っていた債務は、BとCが法定相続分に従って承継します。そのうえで、B、C間の債務引受契約により債務者がBのみとされるわけですから、その権利変動の過程を忠実に登記記録に反映させる必要があります。具体的には、①

第2章　抵当権に関する登記　　　167

債務者を共同相続人全員であるＢ及びＣとする「相続」を原因とする
抵当権変更登記をしたうえで、②債務者をＢとする「Ｃの債務引受」
を原因とする抵当権変更登記をします。

　なお、（免責的）債務引受は、債権者を害する可能性があることから、
債務者と引受人との間で合意をしても、債権者の同意がなければ、有
効ではないとされています。そのため、Ｂ、Ｃ間の債務引受契約だけ
でなく、債権者の同意も得ておく必要があります。

　必要な添付情報は、以下になります。

①　登記原因証明情報（債務引受契約書）若しくは報告形式の登記原
　　因証明情報

②　登記識別情報又は登記済証

③　代理権限証明情報

添付情報のチェックポイント

添付情報	確 認 事 項
□登記原因証明情報	
□債務引受契約書	□当事者が債務引受契約を締結した事実が記載されているか
□報告形式の登記原因証明情報	□(1)債務引受の申出がなされた事実、(2)引受人が債務引受に同意した事実、(3)債務者が変更された旨が記載されているか 又は □(1)債務引受契約が締結された事実、(2)その結果債務者が変更された事実が記載されているか
□登記識別情報又は登記済証	□当該不動産を取得したときの登記申請受付年月日及び受付番号が登記簿と符合しているか ※債務者兼設定者の場合は、今回の登記の前提と

	して、相続による所有権移転登記を申請する必要があるため、その際に発行されたものを提供
□代理権限証明情報	□委任された内容は特定されているか ※認印でよい ※設定者の印鑑証明書の提供は不要（不登規47三イ(1)・48①五） ※債務引受には債権者の同意が必要とされるため、債権者の同意書が必要のようにも思われますが、債権者は抵当権変更登記の権利者として申請人になるため、同意書の提供は不要と解される

第2章　抵当権に関する登記　　　　　　　169

〔42〕　共同相続人の1人のみが遺産分割により、債権者の承認を得て債務を引き受けた場合

　これまでも述べてきたとおり、抵当権の被担保債権の債務者が死亡した場合、被相続人が負っていた金銭債務その他の可分債務は、各共同相続人が相続分に応じて承継し、遺産分割の対象にはならないというのが判例の立場です（最判昭34・6・19判時190・23）。この判例の見解によれば、例えば、共同相続人である妻と子の2人の間で、亡くなった父の残した債務は子が全額引き継ぐと定めたとしても、それはあくまで相続人内部の取り決めであり、債権者との関係では、妻は支払を拒否することはできないことになります。

　このような判例の見解に対し、登記先例は、異なる見解をとっていると考えられます。共同相続人の1人が、遺産分割協議により、債権者の同意を得たうえで、抵当権付債務を引き受けた場合には、共同相続人全員を債務者とする抵当権変更登記をすることなく、引受債務者に債務者を変更する登記ができるとされています（昭33・5・10民甲964）。

　つまり、債務が遺産分割の対象にならないというのは、債権者の保護のためであり、債権者が同意しているのであれば、法定相続分と異なる割合とする遺産分割協議も有効にすることができるという考えです。そして、遺産分割には遡及効があるため、協議によって債務を引き継ぐとされた相続人は、相続開始の日から債務を承継することになります。登記手続としては、「相続」を原因として、直接、分割協議で定められた相続人名義に債務者を変更する登記ができます。

　必要な添付情報は、以下になります。

①　登記原因証明情報（被相続人の戸籍（除籍）謄本（全部事項証明

書）、遺産分割協議書（印鑑証明書添付）、相続関係説明図又は法定
相続情報一覧図）若しくは報告形式の登記原因証明情報
② 登記識別情報又は登記済証
③ 代理権限証明情報

添付情報のチェックポイント

添付情報	確 認 事 項
□登記原因証明情報	
□被相続人の戸籍 （除籍）謄本（全 部事項証明書）	□出生から死亡までの本籍地が記載された戸籍 （除籍）謄本が揃っているか
□遺産分割協議書	□相続人全員の署名・押印（実印）があるか □被相続人の最後の住所・氏名・死亡年月日が記 　載されているか □不動産の表示が登記簿と符合しているか ※不動産の地目・地積・種類・構造・床面積等は記 　載しなくても差し支えない ※被相続人が未登記不動産を所有している可能性 　があるため、課税明細書等で確認し、所有不動 　産の記載漏れのないようにする ※1通で作成しなくてもよい（昭35・12・27民甲3327） ※代襲相続の場合「A代襲相続人B」、数次相続の 　場合「A相続人B」のように記載 □申請人以外の者の印鑑証明書はあるか（昭30・4・ 　23民甲742） □添付した印鑑証明書は相続人の戸籍謄本（全部 　事項証明書）と氏名、生年月日が同一であるか 　（昭43・3・28民三114） ※遺産分割協議書が公正証書で作成されていれば

第2章　抵当権に関する登記　　171

	印鑑証明書は不要 ※有効期限はなく、被相続人の死亡日以前の日付でも問題ない
□相続関係説明図	□被相続人の登記簿上の住所・最後の住所・死亡日・氏名の記載はあるか □相続人の住所・氏名・生年月日の記載はあるか □被相続人より先に死亡した相続人がいる場合、その人の死亡年月日の記載はあるか ※相続関係説明図を添付する場合、被相続人の戸籍（除籍）謄本（全部事項証明書）、被相続人の住民票除票又は戸籍の除附票、相続人全員の戸籍謄本（全部事項証明書）の原本還付が受けられる
□法定相続情報一覧図	□申出人の記載がされているか □被相続人の最後の住所が「被相続人の住民票の除票、又は戸籍の除附票」に記載されているものと完全に符合しているか □最後の住所が確認できない場合、「最後の本籍地」を記載しているか □相続人の生年月日・被相続人との続柄・氏名を記載しているか ※各相続人の住所を記載する場合、相続人の住所証明情報が必要 □作成日の表示と作成者の署名（記名押印）があるか □用紙の下方向に余白があるか ※この余白に登記官の記名押印が入る ※この法定相続情報一覧図を添付すると被相続人の戸籍謄本、住民票除票、相続人の戸籍謄本の提供は不要

	＜列挙表示の場合＞ □嫡出子と嫡出でない子、全血の兄弟姉妹と半血の兄弟姉妹を区別して表記しない場合、法定相続分の疎明資料を用意したか
□報告形式の登記原因証明情報	□(1)相続の発生の事実、(2)債務者の相続人、(3)債権者の同意を得たうえで、遺産分割協議によって相続人の1人が債務を承継した事実、(4)債務者が変更された旨が記載されているか
□登記識別情報又は登記済証	□当該不動産を取得したときの登記申請受付年月日及び受付番号が登記簿と符合しているか ※債務者兼設定者の場合は、今回の登記の前提として、相続による所有権移転登記を申請する必要があるため、その際に発行されたものを提供
□代理権限証明情報	□委任された内容は特定されているか ※認印でよい ※設定者の印鑑証明書の提供は不要（不登規47三イ(1)・48①五） ※遺産分割協議について、債権者の同意が必要とされるため、債権者の同意書が必要のようにも思われますが、債権者は抵当権変更登記の権利者として申請人になりますので、同意書の提供は不要と解される

第 3 章

根抵当権に関する登記

174

第3章　根抵当権に関する登記　　　175

---

〔43〕　債務者を変更する場合

　元本確定前の根抵当権について、債務者に相続が発生した場合、その根抵当権は、①相続開始時に存する債務（被相続人が生前に負担した確定債務）と、②根抵当権者と設定者が合意により定めた相続人（指定債務者）が相続開始後に負担する債務を担保することになります（民398の8②）。

　本ケースでは、①の登記手続の際の添付情報について解説します。

　債務は、共同相続人に相続されます（民896）。また、債務が金銭債権であれば、被相続人が生前に負担した債務は、法律上当然に分割され、各共同相続人がそれぞれ相続分に応じて承継すると解されます（最判昭34・6・19判時190・23）。

　この見解によると、根抵当権の債務者に相続が発生した場合には、債務者の共同相続人全員を債務者とする根抵当権の変更登記を申請することになります。

　必要な添付情報は、以下になります。

①　登記原因証明情報（被相続人の戸籍（除籍）謄本（全部事項証明書）、相続関係説明図又は法定相続情報一覧図）若しくは報告形式の登記原因証明情報

　※債務者の相続を証する情報は不要とされています（昭46・12・27民三960第六）。

②　登記識別情報又は登記済証

③　設定者の印鑑証明書

④　代理権限証明情報

176　　第3章　根抵当権に関する登記

添付情報のチェックポイント

添付情報	確 認 事 項
□登記原因証明情報	
□被相続人の戸籍 （除籍）謄本（全 部事項証明書）	□出生から死亡までの本籍地が記載された戸籍 （除籍）謄本が揃っているか
□相続関係説明図	□被相続人の登記簿上の住所・最後の住所・死亡 日・氏名の記載はあるか □相続人の住所・氏名・生年月日の記載はあるか □被相続人より先に死亡した相続人がいる場合、 その人の死亡年月日の記載はあるか ※相続関係説明図を添付する場合、被相続人の戸 籍（除籍）謄本（全部事項証明書）、被相続人の 住民票除票又は戸籍の除附票、相続人全員の戸 籍謄本（全部事項証明書）の原本還付が受けら れる
□法定相続情報一 覧図	□申出人の記載がされているか □被相続人の最後の住所が「被相続人の住民票の 除票、又は戸籍の除附票」に記載されているも のと完全に符合しているか □最後の住所が確認できない場合、「最後の本籍 地」を記載しているか □相続人の生年月日・被相続人との続柄・氏名を 記載しているか ※各相続人の住所を記載する場合、相続人の住所 証明情報が必要 □作成日の表示と作成者の署名（記名押印）があ るか □用紙の下方向に余白があるか

第3章　根抵当権に関する登記　　　　177

	※この余白に登記官の記名押印が入る ※この法定相続情報一覧図を添付すると被相続人の戸籍謄本、住民票除票、相続人の戸籍謄本の提供は不要 ＜列挙表示の場合＞ □嫡出子と嫡出でない子、全血の兄弟姉妹と半血の兄弟姉妹を区別して表記しない場合、法定相続分の疎明資料を用意したか
□報告形式の登記原因証明情報	□(1)相続の発生の事実及び(2)相続人が債務を相続した旨が記載されているか
□登記識別情報又は登記済証	□当該不動産を取得したときの登記申請受付年月日及び受付番号が登記簿と符合しているか ※債務者兼設定者の場合は、今回の登記の前提として、相続による所有権移転登記を申請する必要があるため、その際に発行されたものを提供
□設定者の印鑑証明書	□登記申請日より3か月以内に発行されたものであるか
□代理権限証明情報	□委任された内容は特定されているか ※登記義務者は実印を押印

〔44〕 債務者の合意の登記をする場合

　元本確定前の根抵当権について、債務者に相続が発生した場合、その根抵当権は、①相続開始時に存する債務（被相続人が生前に負担した確定債務）と、②根抵当権者と設定者が合意により定めた相続人（指定債務者）が相続開始後に負担する債務を担保することになります（民398の8②）。

　本ケースでは、②の登記手続の際の添付情報について解説します。

　被相続人が生前に負担していた債務は、当然に相続人に承継されますが（〔43〕参照）、根抵当権の債務者としての「地位」までが、当然に相続人に承継されるわけではありません。被相続人が行っていた根抵当権者との取引を継続しようとするのであれば、そのための手続をする必要があります。具体的には、根抵当権者と設定者との間で、引き続き取引を継続する相続人（指定債務者）を定める合意をし、その登記をします。

　この指定債務者の合意の登記は、相続開始後6か月以内にすることを要します。6か月以内に登記をしないと、当該根抵当権は相続開始の時に元本が確定したものとみなされ（民398の8④）、反面、6か月以内に登記をすれば、根抵当取引は継続し、指定債務者が新たに負担する債務も当該根抵当権によって担保されることになります。

　この指定債務者の合意の登記をするには、まず前提として、相続による債務者の変更登記をして、債務者を相続人全員としておく必要があります（〔43〕参照）。

　また、債務者の相続人が1人であったとしても、根抵当権を確定させず継続させるためには、この合意の登記は必要とされます。合意の登記をすることによって、確定した相続債務だけでなく、相続人のもと

第3章　根抵当権に関する登記　　179

で新たに発生する債務をも担保することを公示するためと考えられます。

　必要な添付情報は、以下になります。

① 　登記原因証明情報（根抵当債務者指定証書）若しくは報告形式の登記原因証明情報

　※指定債務者の合意の登記は、債務者の相続開始の日から6か月以内にする必要があることから、この登記原因証明情報に記載された登記原因の日付（合意の日）は、相続開始の日から6か月以内であることが必要です。

② 　登記識別情報又は登記済証

③ 　設定者の印鑑証明書

④ 　代理権限証明情報

添付情報のチェックポイント

添付情報	確認事項
□登記原因証明情報	
□根抵当債務者指定証書	□根抵当権の関係当事者は表示されているか □債務者指定の合意の成立について、当該当事者の意思の合致、当該変更内容等が明らかにされているか
□報告形式の登記原因証明情報	□(1)相続の発生の事実及び(2)指定債務者に関する合意が成立した旨が記載されているか
□登記識別情報又は登記済証	□当該不動産を取得したときの登記申請受付年月日及び受付番号が登記簿と符合しているか ※債務者兼設定者の場合は、今回の登記の前提として、相続による所有権移転登記を申請する必要があるため、その際に発行されたものを提供

□設定者の印鑑証明書	□登記申請日より3か月以内に発行されたものであるか
□代理権限証明情報	□委任された内容は特定されているか ※登記義務者は実印を押印

第3章　根抵当権に関する登記　　181

〔45〕　元本確定前に根抵当権者を相続人名義とする場合

　元本確定前に根抵当権者が死亡した場合、既に存在する債権（根抵当権者が生前に取得していた特定の債権）は相続人に承継されます(民896)。また、根抵当権も相続人に承継され、既発生の債権を担保することになります。

　このことと、被相続人が行っていた根抵当取引を相続人が引き継ぎ、今後もその取引を継続していくかは別問題です。引き継ぐのであれば、根抵当権者の相続人と設定者との間で、引き継ぐ相続人（指定根抵当権者）を定める合意をし、その旨の登記をする必要があります。この合意の登記は、根抵当権者の相続開始の日から6か月以内にする必要があり、それによって、根抵当取引は継続することになります。反対に、6か月以内に合意の登記をしなければ、相続開始の時に元本は確定したものとみなされます（民398の8④）。

　元本を確定させず、指定根抵当権者が相続開始後に取得する債権を担保させるためには、①相続による根抵当権の移転登記、②指定根抵当権者の合意の登記、の2つの登記を申請しなければいけません。

　本ケースでは、①の登記の添付情報について解説します（②の登記については〔46〕を参照）。

　相続による根抵当権の移転登記は、根抵当権者の相続人からの単独申請となります。この登記の申請人には、相続放棄をした者は含まれません（昭46・10・4民甲3230第七）。

　また、特別受益証明書又は遺産分割協議書等の書面に、既発生の債権を相続しない旨及び民法398条の9第1項の合意を受ける意思のない旨が明らかに記載されている者は相続人とはなりません（昭46・12・27

182 第３章　根抵当権に関する登記

民三960第五)。例えば、根抵当権者Ａの相続人がＢ、Ｃ、Ｄで、相続人
３人での遺産分割協議で、「Ａの生前取得していた債権はＢが単独で相
続する。Ｃは、指定根抵当権者の合意において指定を受ける意思がな
い。」と定められたならば、Ｃは根抵当権の移転登記において申請人に
はなりません（Ｄに関しては、Ａの特定債権は承継しませんが、指定
根抵当権者の指定を受ける可能性があるので、申請人には加わる必要
があります。）。

　必要な添付情報は、以下になります。

①　登記原因証明情報（被相続人の戸籍（除籍）謄本（全部事項証明
　書）、相続人全員の戸籍謄本（全部事項証明書）、遺産分割協議書、
　相続関係説明図又は法定相続情報一覧図）

②　代理権限証明情報

添付情報のチェックポイント

添付情報	確　認　事　項
□登記原因証明情報	
□被相続人の戸籍（除籍）謄本（全部事項証明書）	□出生から死亡までの本籍地が記載された戸籍（除籍）謄本が揃っているか
□相続人全員の戸籍謄本（全部事項証明書）	□配偶者である場合は婚姻事項の記載があるか □子（嫡出子）である場合は出生事項に嫡出子の記載があるか □非嫡出子である場合は認知事項が記載されているか □相続人の子が参加している場合は親権、未成年者の後見事項が記載されているか ※相続人が被相続人と同じ戸籍に入っていて、「被

第3章　根抵当権に関する登記　　183

		相続人の戸籍謄本」に相続人も掲載されている場合は省略できる
	□遺産分割協議書	□相続人全員の署名・押印（実印）があるか □被相続人の最後の住所・氏名・死亡年月日が記載されているか □不動産の表示が登記簿と符合しているか ※不動産の地目・地積・種類・構造・床面積等は記載しなくても差し支えない ※1通で作成しなくてもよい（昭35・12・27民甲3327） ※代襲相続の場合「A代襲相続人B」、数次相続の場合「A相続人B」のように記載 □申請人以外の者の印鑑証明書はあるか（昭30・4・23民甲742） □添付した印鑑証明書は相続人の戸籍謄本（全部事項証明書）と氏名、生年月日が同一であるか 　（昭43・3・28民三114） ※遺産分割協議書が公正証書で作成されていれば印鑑証明書は不要 ※有効期限はなく、被相続人の死亡日以前の日付でも問題ない
	□特別受益証明書	□特別受益者がいる場合に添付されているか
	□相続放棄申述受理証明書又は相続放棄受理通知書	□被相続人の記載があるか □申述者（相続放棄者）の記載があるか
	□相続関係説明図	□被相続人の登記簿上の住所・最後の住所・死亡日・氏名の記載はあるか □相続人の住所・氏名・生年月日の記載はあるか □被相続人より先に死亡した相続人がいる場合、その人の死亡年月日の記載はあるか

	※相続関係説明図を添付する場合、被相続人の戸籍（除籍）謄本（全部事項証明書）、被相続人の住民票除票又は戸籍の除附票、相続人全員の戸籍謄本（全部事項証明書）の原本還付が受けられる
□法定相続情報一覧図	□申出人の記載がされているか □被相続人の最後の住所が「被相続人の住民票の除票、又は戸籍の除附票」に記載されているものと完全に符合しているか □最後の住所が確認できない場合、「最後の本籍地」を記載しているか □相続人の生年月日・被相続人との続柄・氏名を記載しているか ※各相続人の住所を記載する場合、相続人の住所証明情報が必要 □作成日の表示と作成者の署名（記名押印）があるか □用紙の下方向に余白があるか ※この余白に登記官の記名押印が入る ※この法定相続情報一覧図を添付すると被相続人の戸籍謄本、住民票除票、相続人の戸籍謄本の提供は不要 ＜列挙表示の場合＞ □嫡出子と嫡出でない子、全血の兄弟姉妹と半血の兄弟姉妹を区別して表記しない場合、法定相続分の疎明資料を用意したか
□代理権限証明情報	□委任された内容は特定されているか ※認印でよい ※保存行為として特定の相続人からの申請の場合に、申請人とならなかった他の相続人には登記識別情報が通知されないので注意が必要

第3章　根抵当権に関する登記　185

〔46〕　根抵当権者の合意の登記をする場合

　元本が確定する前に根抵当権者が死亡した場合、その根抵当権は、相続開始の時に存する債権と、根抵当権者の相続人と設定者が合意により定めた相続人（指定根抵当権者）が相続開始後に取得する債権を担保します（民398の8①）。

　登記の手続としては、①相続による根抵当権の移転登記、②指定根抵当権者の合意の登記、の2つの登記を申請することにより、被相続人である根抵当権者が行っていた根抵当取引を指定根抵当権者のもとで引き続き継続していくことができます。

　相続による根抵当権の移転登記（①）については、〔45〕で解説したとおりです。本ケースでは、指定根抵当権者の合意の登記（②）の添付情報等について解説します。

　この合意というのは、当初の根抵当取引を誰が引き継ぐのか、引き継ぐ相続人を定めることを内容とする合意です。合意の登記は、相続開始の日から6か月以内にしなければならず、この期間内に登記がなされなければ、元本は相続開始の時に確定したものとみなされます（民398の8④）。そのため、この合意の登記には、根抵当権者に相続が発生した場合に、元本の確定を阻止し、定められた相続人のもとで、引き続き根抵当取引を継続していくことを可能にするという意味があります。

　この合意の登記をするには、前提として、相続による根抵当権の移転登記がされていなければなりません（不登92）。

　申請人は、根抵当権者の相続人全員（前提として行う相続による根抵当権移転登記で登記名義人となった者全員）が登記権利者、設定者が登記義務者となり、共同申請により行います。

　必要な添付情報は、以下になります。

① 登記原因証明情報（指定根抵当権者合意証書）若しくは報告形式の登記原因証明情報
② 登記識別情報又は登記済証
③ 設定者の印鑑証明書
④ 代理権限証明情報

添付情報のチェックポイント

添付情報	確 認 事 項
□登記原因証明情報	
□指定根抵当権者合意証書	□登記記録上の表示と符合する目的不動産の表示が記載されているか □根抵当権の関係当事者は表示されているか □根抵当権者指定の合意の成立について、当該当事者の意思の合致、当該変更内容等が明らかにされているか
□報告形式の登記原因証明情報	□(1)根抵当権者について相続が開始した事実及び(2)指定根抵当権者の合意が成立した事実が記載されているか
□登記識別情報又は登記済証	□当該不動産を取得したときの登記申請受付年月日及び受付番号が登記簿と符合しているか ※債務者兼設定者の場合は、今回の登記の前提として、相続による所有権移転登記を申請する必要があるため、その際に発行されたものを提供
□設定者の印鑑証明書	□登記申請日より3か月以内に発行されたものであるか
□代理権限証明情報	□委任された内容は特定されているか ※登記義務者は実印を押印

第3章　根抵当権に関する登記　　187

〔47〕　元本確定後に根抵当権者を相続人名義とする場合

　根抵当権は、一定の範囲に属する不特定の債権を担保するものであり、被担保債権との付従性、随伴性が否定されます。しかし、一旦元本が確定すると、根抵当権は流動性を失い、その時点で存在する債権を担保するものとなります。付従性、随伴性が復活し、被担保債権が移転すれば根抵当権も移転しますし、被担保債権が消滅すれば根抵当権も消えることになります。その意味で、確定した根抵当権は普通抵当権に近い存在になります（被担保債権の利息、損害金が極度額の範囲内で全て担保されるという点で、最後の2年分に限定して担保される普通抵当権とは違う点もあります。）。

　随伴性が復活しますので、被担保債権が移転した場合、それを担保する根抵当権もそれに伴って移転することになります。移転の原因は、債権譲渡などの特定承継に限らず、相続などの包括承継による場合も同じです。根抵当権者が死亡して被担保債権が相続人に移転すれば、それに伴って根抵当権も相続人に移転することになります。

　必要な添付情報は、以下になります。

①　登記原因証明情報（被相続人の戸籍（除籍）謄本（全部事項証明書）、相続人全員の戸籍謄本（全部事項証明書）、遺産分割協議書、相続関係説明図又は法定相続情報一覧図）

②　代理権限証明情報

第3章　根抵当権に関する登記

添付情報のチェックポイント

添付情報	確 認 事 項
□登記原因証明情報	
□被相続人の戸籍 （除籍)謄本(全 部事項証明書)	□出生から死亡までの本籍地が記載された戸籍 （除籍）謄本が揃っているか
□相続人全員の戸 籍謄本（全部事 項証明書）	□配偶者である場合は婚姻事項の記載があるか □子（嫡出子）である場合は出生事項に嫡出子の 　記載があるか □非嫡出子である場合は認知事項が記載されてい 　るか □相続人の子が参加している場合は親権、未成年 　者の後見事項が記載されているか ※相続人が被相続人と同じ戸籍に入っていて、「被 　相続人の戸籍謄本」に相続人も掲載されている 　場合は省略できる
□遺産分割協議書	□相続人全員の署名・押印（実印）があるか □被相続人の最後の住所・氏名・死亡年月日が記 　載されているか □不動産の表示が登記簿と符合しているか ※不動産の地目・地積・種類・構造・床面積等は記 　載しなくても差し支えない ※1通で作成しなくてもよい（昭35・12・27民甲3327） ※代襲相続の場合「A代襲相続人B」、数次相続の 　場合「A相続人B」のように記載 □申請人以外の者の印鑑証明書はあるか（昭30・4・ 　23民甲742） □添付した印鑑証明書は相続人の戸籍謄本（全部 　事項証明書）と氏名、生年月日が同一であるか

第3章　根抵当権に関する登記　　189

		（昭43・3・28民三114） ※遺産分割協議書が公正証書で作成されていれば印鑑証明書は不要 ※有効期限はなく、被相続人の死亡日以前の日付でも問題ない
	□特別受益証明書	□特別受益者がいる場合に添付されているか
	□相続放棄申述受理証明書又は相続放棄受理通知書	□被相続人の記載があるか □申述者（相続放棄者）の記載があるか
□相続関係説明図		□被相続人の登記簿上の住所・最後の住所・死亡日・氏名の記載はあるか □相続人の住所・氏名・生年月日の記載はあるか □被相続人より先に死亡した相続人がいる場合、その人の死亡年月日の記載はあるか ※相続関係説明図を添付する場合、被相続人の戸籍（除籍）謄本（全部事項証明書）、被相続人の住民票除票又は戸籍の除附票、相続人全員の戸籍謄本（全部事項証明書）の原本還付が受けられる
□法定相続情報一覧図		□申出人の記載がされているか □被相続人の最後の住所が「被相続人の住民票の除票、又は戸籍の除附票」に記載されているものと完全に符合しているか □最後の住所が確認できない場合、「最後の本籍地」を記載しているか □相続人の生年月日・被相続人との続柄・氏名を記載しているか ※各相続人の住所を記載する場合、相続人の住所

	証明情報が必要
	□作成日の表示と作成者の署名（記名押印）があるか
	□用紙の下方向に余白があるか
	※この余白に登記官の記名押印が入る
	※この法定相続情報一覧図を添付すると被相続人の戸籍謄本、住民票除票、相続人の戸籍謄本の提供は不要
	＜列挙表示の場合＞
	□嫡出子と嫡出でない子、全血の兄弟姉妹と半血の兄弟姉妹を区別して表記しない場合、法定相続分の疎明資料を用意したか
□代理権限証明情報	□委任された内容は特定されているか
	※認印でよい
	※保存行為として特定の相続人からの申請の場合に、申請人とならなかった他の相続人には登記識別情報が通知されないので注意が必要

第 4 章

その他の権利に関する登記

192

第4章　その他の権利に関する登記　　193

〔48〕　地上権を移転する場合

　地上権は、他人の土地において、工作物又は竹木を所有するために、その土地を使用する権利（民265）であり、当事者間の設定契約によって成立する用益物権です。

　相続人は、相続開始の時から、被相続人の一身に専属したものを除き、被相続人の財産に属した一切の権利義務を承継しますので（民896）、用益物権も相続の対象になります。

　地上権者が死亡した場合、地上権は相続人に承継されますので、相続人からの単独申請により、相続による地上権移転登記を申請します。

　共同相続のときは、その持分を記載します（不登令3九）。

　必要な添付情報は、以下になります。

①　登記原因証明情報（被相続人の戸籍（除籍）謄本（全部事項証明書）、相続人全員の戸籍謄本（全部事項証明書）、遺産分割協議書、相続関係説明図又は法定相続情報一覧図）

②　代理権限証明情報

添付情報のチェックポイント

添付情報	確　認　事　項
□登記原因証明情報	
□被相続人の戸籍（除籍）謄本（全部事項証明書）	□出生から死亡までの本籍地が記載された戸籍（除籍）謄本が揃っているか
□相続人全員の戸籍謄本（全部事項証明書）	□配偶者である場合は婚姻事項の記載があるか □子（嫡出子）である場合は出生事項に嫡出子の記載があるか

		□非嫡出子である場合は認知事項が記載されているか □相続人の子が参加している場合は親権、未成年者の後見事項が記載されているか ※相続人が被相続人と同じ戸籍に入っていて、「被相続人の戸籍謄本」に相続人も掲載されている場合は省略できる
	□遺産分割協議書	□相続人全員の署名・押印（実印）があるか □被相続人の最後の住所・氏名・死亡年月日が記載されているか □不動産の表示が登記簿と符合しているか ※不動産の地目・地積・種類・構造・床面積等は記載しなくても差し支えない ※1通で作成しなくてもよい（昭35・12・27民甲3327） ※代襲相続の場合「A代襲相続人B」、数次相続の場合「A相続人B」のように記載 □申請人以外の者の印鑑証明書はあるか（昭30・4・23民甲742） □添付した印鑑証明書は相続人の戸籍謄本（全部事項証明書）と氏名、生年月日が同一であるか（昭43・3・28民三114） ※遺産分割協議書が公正証書で作成されていれば印鑑証明書は不要 ※有効期限はなく、被相続人の死亡日以前の日付でも問題ない
	□特別受益証明書	□特別受益者がいる場合に添付されているか
	□相続放棄申述受理証明書又は相続放棄受理通知書	□被相続人の記載があるか □申述者（相続放棄者）の記載があるか

第4章　その他の権利に関する登記　　　195

□相続関係説明図	□被相続人の登記簿上の住所・最後の住所・死亡日・氏名の記載はあるか □相続人の住所・氏名・生年月日の記載はあるか □被相続人より先に死亡した相続人がいる場合、その人の死亡年月日の記載はあるか ※相続関係説明図を添付する場合、被相続人の戸籍（除籍）謄本（全部事項証明書）、被相続人の住民票除票又は戸籍の除附票、相続人全員の戸籍謄本（全部事項証明書）の原本還付が受けられる
□法定相続情報一覧図	□申出人の記載がされているか □被相続人の最後の住所が「被相続人の住民票の除票、又は戸籍の除附票」に記載されているものと完全に符合しているか □最後の住所が確認できない場合、「最後の本籍地」を記載しているか □相続人の生年月日・被相続人との続柄・氏名を記載しているか ※各相続人の住所を記載する場合、相続人の住所証明情報が必要 □作成日の表示と作成者の署名（記名押印）があるか □用紙の下方向に余白があるか ※この余白に登記官の記名押印が入る ※この法定相続情報一覧図を添付すると被相続人の戸籍謄本、住民票除票、相続人の戸籍謄本の提供は不要 ＜列挙表示の場合＞ □嫡出子と嫡出でない子、全血の兄弟姉妹と半血の兄弟姉妹を区別して表記しない場合、法定相続分の疎明資料を用意したか

□代理権限証明情報	□委任された内容は特定されているか
	※認印でよい
	※保存行為として特定の相続人からの申請の場合に、申請人とならなかった他の相続人には登記識別情報が通知されないので注意が必要

第4章　その他の権利に関する登記　　197

〔49〕　永小作権を移転する場合

　永小作権は、小作料を支払って他人の土地において耕作又は牧畜をする権利（民270）であり、当事者間の設定契約によって成立する用益物権です。

　永小作権者が死亡した場合、永小作権は相続人に承継されますので、相続人からの単独申請により、相続による永小作権移転登記を申請します。

　共同相続のときは、その持分を記載します（不登令3九）。

　必要な添付情報は、以下になります。

① 登記原因証明情報（被相続人の戸籍（除籍）謄本（全部事項証明書）、相続人全員の戸籍謄本（全部事項証明書）、遺産分割協議書、相続関係説明図又は法定相続情報一覧図）

② 代理権限証明情報

```
        添付情報のチェックポイント
```

添付情報	確認事項
□登記原因証明情報	
□被相続人の戸籍（除籍）謄本(全部事項証明書)	□出生から死亡までの本籍地が記載された戸籍（除籍）謄本が揃っているか
□相続人全員の戸籍謄本（全部事項証明書）	□配偶者である場合は婚姻事項の記載があるか □子（嫡出子）である場合は出生事項に嫡出子の記載があるか □非嫡出子である場合は認知事項が記載されているか □相続人の子が参加している場合は親権、未成年者の後見事項が記載されているか

	※相続人が被相続人と同じ戸籍に入っていて、「被相続人の戸籍謄本」に相続人も掲載されている場合は省略できる
□遺産分割協議書	□相続人全員の署名・押印（実印）があるか □被相続人の最後の住所・氏名・死亡年月日が記載されているか □不動産の表示が登記簿と符合しているか ※不動産の地目・地積・種類・構造・床面積等は記載しなくても差し支えない ※1通で作成しなくてもよい（昭35・12・27民甲3327） ※代襲相続の場合「A代襲相続人B」、数次相続の場合「A相続人B」のように記載 □申請人以外の者の印鑑証明書はあるか（昭30・4・23民甲742） □添付した印鑑証明書は相続人の戸籍謄本（全部事項証明書）と氏名、生年月日が同一であるか（昭43・3・28民三114） ※遺産分割協議書が公正証書で作成されていれば印鑑証明書は不要 ※有効期限はなく、被相続人の死亡日以前の日付でも問題ない
□特別受益証明書	□特別受益者がいる場合に添付されているか
□相続放棄申述受理証明書又は相続放棄受理通知書	□被相続人の記載があるか □申述者（相続放棄者）の記載があるか
□相続関係説明図	□被相続人の登記簿上の住所・最後の住所・死亡日・氏名の記載はあるか □相続人の住所・氏名・生年月日の記載はあるか □被相続人より先に死亡した相続人がいる場合、

第4章　その他の権利に関する登記　　　　　　　199

	その人の死亡年月日の記載はあるか ※相続関係説明図を添付する場合、被相続人の戸籍(除籍)謄本(全部事項証明書)、被相続人の住民票除票又は戸籍の除附票、相続人全員の戸籍謄本(全部事項証明書)の原本還付が受けられる
□法定相続情報一覧図	□申出人の記載がされているか □被相続人の最後の住所が「被相続人の住民票の除票、又は戸籍の除附票」に記載されているものと完全に符合しているか □最後の住所が確認できない場合、「最後の本籍地」を記載しているか □相続人の生年月日・被相続人との続柄・氏名を記載しているか ※各相続人の住所を記載する場合、相続人の住所証明情報が必要 □作成日の表示と作成者の署名（記名押印）があるか □用紙の下方向に余白があるか ※この余白に登記官の記名押印が入る ※この法定相続情報一覧図を添付すると被相続人の戸籍謄本、住民票除票、相続人の戸籍謄本の提供は不要 ＜列挙表示の場合＞ □嫡出子と嫡出でない子、全血の兄弟姉妹と半血の兄弟姉妹を区別して表記しない場合、法定相続分の疎明資料を用意したか
□代理権限証明情報	□委任された内容は特定されているか ※認印でよい ※保存行為として特定の相続人からの申請の場合に、申請人とならなかった他の相続人には登記識別情報が通知されないので注意が必要

第4章　その他の権利に関する登記

〔50〕　質権を移転する場合

　質権は、債権の担保として債務者又は第三者から受け取った物を占有し、その物について他の債権者に先立って弁済を受けることができる約定の担保物権です（民342）。

　質権者が死亡した場合、質権は相続人に承継されますので、相続人からの単独申請により、相続による質権移転登記を申請します。

　共同相続のときは、その持分を記載します（不登令3九）。

　必要な添付情報は、以下になります。

①　登記原因証明情報（被相続人の戸籍（除籍）謄本（全部事項証明書）、相続人全員の戸籍謄本（全部事項証明書）、遺産分割協議書、相続関係説明図又は法定相続情報一覧図）

②　代理権限証明情報

添付情報のチェックポイント

添付情報	確 認 事 項
□登記原因証明情報	
□被相続人の戸籍（除籍）謄本（全部事項証明書）	□出生から死亡までの本籍地が記載された戸籍（除籍）謄本が揃っているか
□相続人全員の戸籍謄本（全部事項証明書）	□配偶者である場合は婚姻事項の記載があるか □子（嫡出子）である場合は出生事項に嫡出子の記載があるか □非嫡出子である場合は認知事項が記載されているか □相続人の子が参加している場合は親権、未成年者の後見事項が記載されているか ※相続人が被相続人と同じ戸籍に入っていて、「被

第4章　その他の権利に関する登記　　　201

		相続人の戸籍謄本」に相続人も掲載されている場合は省略できる
□遺産分割協議書		□相続人全員の署名・押印（実印）があるか □被相続人の最後の住所・氏名・死亡年月日が記載されているか □不動産の表示が登記簿と符合しているか ※不動産の地目・地積・種類・構造・床面積等は記載しなくても差し支えない ※1通で作成しなくてもよい（昭35・12・27民甲3327） ※代襲相続の場合「A代襲相続人B」、数次相続の場合「A相続人B」のように記載 □申請人以外の者の印鑑証明書はあるか（昭30・4・23民甲742） □添付した印鑑証明書は相続人の戸籍謄本（全部事項証明書）と氏名、生年月日が同一であるか 　（昭43・3・28民三114） ※遺産分割協議書が公正証書で作成されていれば印鑑証明書は不要 ※有効期限はなく、被相続人の死亡日以前の日付でも問題ない
	□特別受益証明書	□特別受益者がいる場合に添付されているか
	□相続放棄申述受理証明書又は相続放棄受理通知書	□被相続人の記載があるか □申述者（相続放棄者）の記載があるか
□相続関係説明図		□被相続人の登記簿上の住所・最後の住所・死亡日・氏名の記載はあるか □相続人の住所・氏名・生年月日の記載はあるか □被相続人より先に死亡した相続人がいる場合、その人の死亡年月日の記載はあるか

	※相続関係説明図を添付する場合、被相続人の戸籍（除籍）謄本（全部事項証明書）、被相続人の住民票除票又は戸籍の除附票、相続人全員の戸籍謄本（全部事項証明書）の原本還付が受けられる
□法定相続情報一覧図	□申出人の記載がされているか □被相続人の最後の住所が「被相続人の住民票の除票、又は戸籍の除附票」に記載されているものと完全に符合しているか □最後の住所が確認できない場合、「最後の本籍地」を記載しているか □相続人の生年月日・被相続人との続柄・氏名を記載しているか ※各相続人の住所を記載する場合、相続人の住所証明情報が必要 □作成日の表示と作成者の署名（記名押印）があるか □用紙の下方向に余白があるか ※この余白に登記官の記名押印が入る ※この法定相続情報一覧図を添付すると被相続人の戸籍謄本、住民票除票、相続人の戸籍謄本の提供は不要 ＜列挙表示の場合＞ □嫡出子と嫡出でない子、全血の兄弟姉妹と半血の兄弟姉妹を区別して表記しない場合、法定相続分の疎明資料を用意したか
□代理権限証明情報	□委任された内容は特定されているか ※認印でよい ※保存行為として特定の相続人からの申請の場合に、申請人とならなかった他の相続人には登記識別情報が通知されないので注意が必要

第4章　その他の権利に関する登記　　203

〔51〕　賃借権を移転する場合

　賃借権（不動産賃借権）は、当事者の一方が相手方に賃料を払って、目的物を使用収益することを内容とする権利です（民601）。

　賃借権者が死亡した場合、賃借権は相続人に承継されますので、相続人からの単独申請により、相続による賃借権移転登記を申請します。

　共同相続のときは、その持分を記載します（不登令3九）。

　必要な添付情報は、以下になります。

① 　登記原因証明情報（被相続人の戸籍（除籍）謄本（全部事項証明書）、相続人全員の戸籍謄本（全部事項証明書）、遺産分割協議書、相続関係説明図又は法定相続情報一覧図）

② 　代理権限証明情報

　なお、遺贈によって賃借権を移転する場合は、上記の添付情報に追加して、以下の情報が必要となります。

③ 　登記識別情報又は登記済証

　　登記権利者である受遺者と登記義務者である遺言執行者又は相続人との共同申請であることから、賃借権の設定を受けた際の登記識別情報又は登記済証を提供します。

④ 　承諾書（印鑑証明書添付）

添付情報のチェックポイント

添付情報	確　認　事　項
□登記原因証明情報	
□被相続人の戸籍（除籍）謄本（全部事項証明書）	□出生から死亡までの本籍地が記載された戸籍（除籍）謄本が揃っているか

□相続人全員の戸籍謄本（全部事項証明書）	□配偶者である場合は婚姻事項の記載があるか
	□子（嫡出子）である場合は出生事項に嫡出子の記載があるか
	□非嫡出子である場合は認知事項が記載されているか
	□相続人の子が参加している場合は親権、未成年者の後見事項が記載されているか
	※相続人が被相続人と同じ戸籍に入っていて、「被相続人の戸籍謄本」に相続人も掲載されている場合は省略できる
□遺産分割協議書	□相続人全員の署名・押印（実印）があるか
	□被相続人の最後の住所・氏名・死亡年月日が記載されているか
	□不動産の表示が登記簿と符合しているか
	※不動産の地目・地積・種類・構造・床面積等は記載しなくても差し支えない
	※1通で作成しなくてもよい（昭35・12・27民甲3327）
	※代襲相続の場合「A代襲相続人B」、数次相続の場合「A相続人B」のように記載
	□申請人以外の者の印鑑証明書はあるか（昭30・4・23民甲742）
	□添付した印鑑証明書は相続人の戸籍謄本（全部事項証明書）と氏名、生年月日が同一であるか（昭43・3・28民三114）
	※遺産分割協議書が公正証書で作成されていれば印鑑証明書は不要
	※有効期限はなく、被相続人の死亡日以前の日付でも問題ない
□特別受益証明書	□特別受益者がいる場合に添付されているか

第4章　その他の権利に関する登記　　205

□相続放棄申述受理証明書又は相続放棄受理通知書	□被相続人の記載があるか □申述者（相続放棄者）の記載があるか
□相続関係説明図	□被相続人の登記簿上の住所・最後の住所・死亡日・氏名の記載はあるか □相続人の住所・氏名・生年月日の記載はあるか □被相続人より先に死亡した相続人がいる場合、その人の死亡年月日の記載はあるか ※相続関係説明図を添付する場合、被相続人の戸籍（除籍）謄本（全部事項証明書）、被相続人の住民票除票又は戸籍の除附票、相続人全員の戸籍謄本（全部事項証明書）の原本還付が受けられる
□法定相続情報一覧図	□申出人の記載がされているか □被相続人の最後の住所が「被相続人の住民票の除票、又は戸籍の除附票」に記載されているものと完全に符合しているか □最後の住所が確認できない場合、「最後の本籍地」を記載しているか □相続人の生年月日・被相続人との続柄・氏名を記載しているか ※各相続人の住所を記載する場合、相続人の住所証明情報が必要 □作成日の表示と作成者の署名（記名押印）があるか □用紙の下方向に余白があるか ※この余白に登記官の記名押印が入る ※この法定相続情報一覧図を添付すると被相続人の戸籍謄本、住民票除票、相続人の戸籍謄本の提供は不要

	<列挙表示の場合>
	□嫡出子と嫡出でない子、全血の兄弟姉妹と半血の兄弟姉妹を区別して表記しない場合、法定相続分の疎明資料を用意したか
□代理権限証明情報	□委任された内容は特定されているか ※認印でよい ※保存行為として特定の相続人からの申請の場合に、申請人とならなかった他の相続人には登記識別情報が通知されないので注意が必要

遺贈により賃借権を移転する場合
　※上記に加えて以下の添付情報が必要

□登記識別情報又は登記済証	□当該不動産を取得したときの登記申請受付年月日及び受付番号が登記簿と符合しているか
□承諾書	□賃貸人（所有権の登記名義人）が承諾している旨が明記されているか ※転貸の特約がないときに提供 □賃貸人の印鑑証明書は添付されているか ※有効期限なし

第4章　その他の権利に関する登記　　　207

〔52〕　配偶者居住権を設定する場合

　平成30年7月6日に「民法及び家事事件手続法の一部を改正する法律」及び「法務局における遺言書の保管等に関する法律」が成立し、同年7月13日に公布されました。今回の法改正では「配偶者の居住権を保護するための方策」がテーマの1つとなっており、新たに「配偶者居住権」「配偶者短期居住権」の制度が新設され、令和2年4月1日から施行されます。

　例えば、被相続人Aの相続人が配偶者Bと子Cであって、Aの遺産の多くが自宅不動産といった場合、Bとしては、不動産を取得できず、自宅不動産に住み続けることができないといった事態になることも考えられます。仮に、Aの遺産が3,000万円の自宅不動産と、預貯金2,000万円とした場合、BとCは、これらを法定相続分2分の1である2,500万円ずつで分けあうことになりますが、Bとしては、法定相続分では自宅不動産の価額に満たないため、場合によっては自宅不動産を売却せざるを得ないことにもなりかねません。

　そのような状況から配偶者を保護するための制度が、この配偶者居住権の制度であり、一定の要件を満たした配偶者は、相続開始後も引き続き居住建物に住み続けることができます。

　一定の要件とは、配偶者が相続開始の時に遺産である建物に居住していた場合であって、次のうちのいずれかに該当する場合です（民1028・1029）。

① 　遺産分割によって配偶者居住権を取得すると定められた場合

② 　配偶者居住権が遺贈の目的とされた場合

③ 　家庭裁判所の審判によって配偶者居住権を取得すると定められた場合

　「配偶者が配偶者居住権を取得した場合には、その財産的価値に相当する価額を相続したものと扱う」とされています（法制審議会民法（相

続関係）部会資料（以下、部会資料）26－1第1－2(1)ア（注1））。財産的価値の評価方法については、今回の法改正では明文化されておりませんが、所有権としての評価額よりは低くなると考えられますので、配偶者居住権を取得した配偶者は、前述したような事態にはなりにくく、居住建物に住み続けやすくなります。先ほどの例でいうと、配偶者居住権の価額が仮に1,500万円とすると、Bは、配偶者居住権を取得して従前と同じように自宅に住み続け、さらに、残りの相続分として、預貯金から1,000万円を取得することができると考えられます。

　配偶者居住権が認められた配偶者は、居住建物の使用、収益をすることができ、終身の間、無償で居住することができます（民1032・1030）。

　配偶者居住権は、登記をすることで居住建物について物権を取得した第三者に対しても対抗することができます（民1031・605）。配偶者居住権の対抗要件は、登記のみであり、賃借権のように建物を占有していることで対抗力をもつことにはなりません。また、配偶者短期居住権に関しては、このような登記の手続がないため、対抗力は認められないことになります。

　配偶者居住権の登記が可能になったことにより、不動産登記法について、次の内容の改正が行われました。

1　3条「登記することができる権利」の九号に配偶者居住権が加えられました。

2　新たに81条の2が設けられ、配偶者居住権の登記事項として2つが定められました。

　(1)　存続期間

　(2)　第三者に居住建物の使用又は収益をさせることを許す旨の定めがあるときは、その定め

　配偶者居住権は建物所有権を制限する賃借権類似の権利（東京司法書士会民法改正対策委員会編『Ｑ＆Ａでマスターする相続法改正と司法書士実務』46頁（日本加除出版、2018））ですので、登記の申請構造も賃借権の登記に

第4章　その他の権利に関する登記　　209

準ずる形になると考えられます。

　申請人としては、配偶者を登記権利者、所有者を登記義務者とする共同申請で行います。

　この場合の登記義務者となる建物の所有者は、被相続人から、相続によって名義を取得した相続人です。つまり、乙区に配偶者居住権の設定登記をするには、その前提として、甲区について相続を原因とする所有権移転登記等が申請されていなければならないことになります（部会資料22－2第1－2補足説明2(3)）。

　必要な添付情報は、以下になります。

①　登記原因証明情報（遺産分割協議書（印鑑証明書添付）、遺言書、遺産分割審判書）
②　登記識別情報
③　代理権限証明情報

```
┌─────────────────────────────────────────┐
│          添付情報のチェックポイント          │
└─────────────────────────────────────────┘
```

添付情報	確認事項
□登記原因証明情報	
□遺産分割協議書	□相続人全員の署名・押印（実印）があるか
	□被相続人の最後の住所・氏名・死亡年月日が記載されているか
	□不動産の表示が登記簿と符合しているか
	※不動産の地目・地積・種類・構造・床面積等は記載しなくても差し支えない
	※被相続人が未登記不動産を所有している可能性があるため、課税明細書等で確認し、所有不動産の記載漏れのないようにする
	※1通で作成しなくてもよい（昭35・12・27民甲3327）
	※代襲相続の場合「A代襲相続人B」、数次相続の

		場合「A相続人B」のように記載
		□申請人以外の者の印鑑証明書はあるか（昭30・4・23民甲742）
		□添付した印鑑証明書は相続人の戸籍謄本（全部事項証明書）と氏名、生年月日が同一であるか（昭43・3・28民三114）
		※遺産分割協議書が公正証書で作成されていれば印鑑証明書は不要
		※有効期限はなく、被相続人の死亡日以前の日付でも問題ない
	□遺言書	□以下の様式は整っているか
		・自書されている（財産目録は自書不要）
		・日付の記載
		・氏名の記載
		・押印がある（民968①）
		・加除、その他変更が様式に従っているか（民968③）
		□検認済証明書は添付されているか
		※法務局による保管制度を利用している場合は不要
	□遺産分割審判書	□配偶者居住権が認められる内容となっているか
		※家庭裁判所の審判によって、配偶者居住権が認められた場合に提供
□登記識別情報		□所有権の登記名義人が、配偶者居住権設定登記の前提として行う所有権移転登記によって発行されたものか
		※遺産分割の審判書正本を提供して申請する場合は不要
□代理権限証明情報		□委任された内容は特定されているか
		※登記義務者は実印を押印

第 5 章

渉外登記に関する登記

212

第5章　渉外登記に関する登記　　　213

〔53〕　法定共同相続により所有権を移転する場合（被相続人が韓国人の場合）

1　相続の準拠法の決定

　日本に不動産を有する外国人が死亡して相続登記を行う場合には、登記に必要な添付情報の収集等の具体的な作業に入る前に、日本と被相続人の国籍がある国のどちらの法律に基づいて相続の処理を行えばよいのか、いわゆる準拠法の問題を検討する必要があります。

　準拠法を判断するための法律を「国際私法」又は「抵触法」と呼ぶのですが、その国際私法（抵触法）は、国によって内容が異なっています。

　日本の国際私法である「法の適用に関する通則法」（以下「通則法」といいます。）は、相続に関して36条で「相続は、被相続人の本国法による。」と定めており、相続は動産相続たると不動産相続たるとを問わず、全て被相続人の本国法によるとする相続統一主義を採っています。

　相続に関する準拠法の決定においては、相続統一主義と相続分割主義という対立があり、相続統一主義は、さらに

① 　本国法主義（相続の身分法的な側面を重視して、動産と不動産を区別せず、被相続人の全ての財産につき属人的に連結点を定める。）を採るドイツ、オーストリア、イタリア、スペイン、ポルトガル、ポーランド、ハンガリー、ギリシャ、トルコ、フィリピン、韓国、台湾、日本等の国々と

② 　住所地法主義（相続には財産法の側面があり、被相続人の生活の活動拠点こそが身分法・財産法の両面から相続と深く関係しているとして、動産と不動産を区別せず、被相続人の住所地の法律によるものとする。）を採るスイス、アルゼンチン、チリ、ブラジル、ペル

一、フィンランド、デンマーク等の国々に大別できます。

　他方、相続分割主義とは、動産と不動産を区別し、動産については被相続人の死亡時の住居地の法を、不動産については不動産所在地の法を準拠法として決定するものであり、英米法系諸国（イギリス、アメリカ、香港、シンガポール等）、フランス、ベルギー、ルクセンブルク、ルーマニア、中国、カナダ・ケベック州、タイ、スウェーデン、ロシア、北朝鮮等が採用しています。

　それでは、準拠法の問題を検討することで、相続の処理が実際にどのように異なるのか、本ケースでは、日本に不動産を所有する在日韓国人が死亡してその相続登記を行う場合について検討します。

　日本の国際私法である「通則法」は、前述のとおり36条で「相続は、被相続人の本国法による。」として本国法主義を採っていますが、もう一点、その41条に「当事者の本国法によるべき場合において、その国の法に従えば日本法によるべきときは、日本法による。」とする"反致"の規定を置いています（その国の法とは、当該国の国際私法を意味します。)。

　これは、日本の「通則法」36条によれば、被相続人の本国法であるＡ国法が適用されるべきであるのに、もし被相続人の住所とその所有する不動産が日本にあり、Ａ国の国際私法における相続の規定が「被相続人の住所地法による。」とする住所地法主義か、「不動産の所在地法による。」とする相続分割主義を採っている場合には、Ａ国法によれば日本法が適用されることになる、いわゆる"堂々巡り"になってしまうので、41条の"反致"の規定は、そうした場合に備え、日本に戻ってきた（反対に送致されてきた）ときには、準拠法を日本法として、日本の相続の実質法である「民法」によって処理をしようという調整規定になっているのです。

　本ケースでは、「韓国国際私法」（韓国では法律の名称も「国際私法」

第5章　渉外登記に関する登記　　215

とされています。) を調べてみると、韓国は、日本と同じく本国法主義を採っており、遺言がない場合には、49条1項で「相続は、死亡当時の被相続人の本国法による。」と定められていますので、反致されることはなく、準拠法が韓国法になります。その結果、韓国の実質法である「民法」に従って法定相続人の範囲や法定相続分を決定しなければなりません。

　なお、日本の「通則法」36条でいう「相続」には、相続人の範囲、順位、法定相続分の割合、代襲相続の有無、遺産分割の可否やその方法、特別受益や寄与分、遺留分、相続放棄等の規定の有無等の法律関係が含まれ、また「韓国国際私法」49条の「相続」は、法定相続と遺言相続を問わず世代を超えた財産又は身分の承継関係を意味するとして、その適用範囲には、遺言相続も相続人の遺留分の問題も含まれると考えられています。

　ただし、もう一点、ここで考えなければならないのが、当事者のうちの「誰が相続人となる配偶者、子、直系尊属あるいは兄弟姉妹か。」を決定するための「被相続人と誰の間で有効な夫婦関係や親子関係が成立しているか。」という相続の先決問題であり、それは法廷地である我が国の国際私法により定まる準拠法に基づいて解決すべきであるというのが、判例・通説です。

2　韓国の相続法の規定

　韓国の相続法である「韓国民法」においては、日本と同様に、遺言による分割方法の指定等がなければ、いつでも遺産分割協議ができるので (韓国民法1013)、共同相続人間で遺産分割協議が成立すれば、日本の「民法」との相違点が顕在化することはありませんが、法定相続となる場合には、以下のような日本の民法との相違点に留意する必要があります。

① 相続人の範囲：4親等以内の傍系血族までとされており、先順位者が相続放棄するような場合には、従兄弟が相続人になることがあります（韓国民法1000①四）。また、法定相続の第1順位が（子でなく）直系卑属とされているため、子全員が相続放棄すれば孫が相続人になります（韓国民法1000）。

② 配偶者の相続順位：第1順位の直系卑属と第2順位の直系尊属がなく、兄弟姉妹しかいない場合には、配偶者が単独相続人となります（韓国民法1003）。

③ 配偶者の代襲相続：配偶者も代襲相続人となります。ただし、被相続人が死亡した時点で子の配偶者が再婚している場合は、代襲相続人となりません（韓国民法1001・1003②）。

④ 法定相続分：同順位の相続人の相続分は均分ですが、直系卑属若しくは直系尊属と共同相続の場合、配偶者の相続分は直系卑属若しくは直系尊属の相続分の5割を加算するとされています（例えば、相続人が配偶者と子3人である場合の法定相続分は、配偶者が9分の3、子3人はそれぞれ9分の2となります。）（韓国民法1009）。

⑤ 限定承認：共同相続人全員でなくても相続人の1人からもできます（韓国民法1029）。

⑥ 遺留分：（日本と異なり）兄弟姉妹に遺留分があります（韓国民法1112）。

⑦ 廃除：（日本と異なり）推定相続人の廃除規定がありません。

3 韓国の戸籍制度、家族関係登録制度と相続登記の添付情報

　日本の戸籍制度や韓国の家族関係登録制度は、国民全ての家族関係やその生死、身分変動事項等を連続的に記録し、個人の身分情報を起点に何代にも遡って親族関係等を調査することができるので、原則的に全ての法定相続人を確定し、「他に相続人がいない。」ということま

第5章　渉外登記に関する登記　　　217

で証明することができます。

　韓国では、2008年1月1日から「家族関係の登録等に関する法律」（以下「家族関係登録法」といいます。）が施行され、従前の「戸籍法」が廃止されました。それにより本人又は配偶者、直系血族は、日本国内の韓国大使館領事部及び総領事館（以下「総領事館等」といいます。）に出頭若しくは郵送で請求することで以下の①②が取得できます。

①　（（従前の）戸籍制度に基づく）除籍謄本

②　（家族関係登録制度に基づく）基本証明書、家族関係証明書、婚姻関係証明書、入養（養子縁組）関係証明書及び親養子入養（特別養子縁組）関係証明書という5種類の登録事項別証明書

　家族関係登録簿は、国民の個人別に編纂されていますが、家族関係証明書には、父母（養父母）、配偶者及び子女（実子・養子も子女と表示）の3代が記載されるので、被相続人の家族関係証明書を取得すれば、第1、第2順位の相続人、祖父、祖母の代まで遡れば、第3順位の相続人も探索できますし、基本証明書には、本人の出生、死亡、改名、国籍変更等（過去の変更）も記載されますので、通常はそれらを取得することで、相続登記に必要な相続関係証明書とすることができます。

　なお、2016年11月30日の「家族関係登録法」の改正で、登録事項別証明書のうち基本証明書は、一般証明書、詳細証明書、特定証明書に、他の4種類の証明書は、一般証明書、詳細証明書に細分化されましたが、一般証明書には現在の事項しか記載されていないため、相続登記に際しては、過去の履歴・訂正事項等を記載した詳細証明書を交付請求しなければなりません。

　韓国では、国外で発生した身分関係の変動を総領事館等へ届出することが在外国民の義務とされており、実際に総領事館等へ届出された出生、死亡、婚姻等の事実が、本国の家族関係登録簿に反映されます。

　しかし、在日の特別永住者の方々には、日本における全ての身分関

係の変動を本国へ届け出ていないケースが多く、そうした場合には、日本国内で届出がなされた書面に関する証明書で補完することが必要となります。

③ 被相続人の外国人住民票

平成24年7月9日以降、日本に住所を有する中長期在留者や特別永住者については、住民基本台帳へ登録されているので、その住所、氏名の変更、死亡の事実が記載されていれば、相続関係証明書となります。

④ 外国人登録原票の写し及び出生届、婚姻届、死亡届等の記載事項証明書

現在、外国人登録原票の写しは法務省で保管されていますが、住所、氏名の変更や家族に関する記載がなされており、平成24年7月8日以前の相続関係証明書の一部となり得ます。ただし、外国人登録原票の記載は、あくまで本人申告によるもので信憑性が低いという見方もあるので、外国人登録原票の居住歴を辿って、届出の出されている市町村役場から出生届、婚姻届、死亡届等の記載事項証明書を取得し、それらに加えるのが実務上の扱いです。

これら以外の添付書面としては、通常の国内における相続登記と同じです。

⑤ 相続関係説明図

なお、法定相続情報証明制度については、「被相続人（被代襲者を含む。）の出生時からの戸籍及び除かれた戸籍の謄本又は全部事項証明書の添付が求められている」（不登規247③二）ので、渉外相続事件は適用の対象外であると考えられます。

⑥ 不動産を取得する相続人の住民票の写し（住所証明情報）

⑦ 代理権限証明情報（委任状）

⑧ 固定資産評価証明書

第5章　渉外登記に関する登記　　219

　もう一点、日本の金融機関から、在日韓国人の債務者が死亡し、その所有不動産に設定していた抵当権を実行する前提として、債権者代位による法定相続登記をしたいという相談を受けることがあります。

　以前は、外国人の債権者による戸籍謄本の交付請求が認められていましたし、現行「家族関係登録法」14条1項2号でも「訴訟・非訟・民事執行の各手続で必要な場合」には、交付申請することができるとされていましたが、2009年に「"訴訟手続において必要な場合"というのは、大韓民国の領土主権によって国家の排他的支配力が及ぶ大韓民国の領土内で行われる訴訟手続において必要な場合だけを意味する。」という大法院家族関係登録課の質疑回答が出てから、債権者代位による相続登記手続は、現実的に不可能となっており、日本の金融機関が在日韓国人に対する融資に二の足を踏むことが懸念されています。

添付情報のチェックポイント

添付情報	確認事項
□除籍謄本	□出生から死亡（あるいは出生から2008年1月1日に戸籍法が廃止されるまで）の連続した戸籍が揃っているか □全ての親族の戸籍があるか、領事館に届出されていない婚姻、死亡等の事実がないか □翻訳文を作成、添付しているか ※外国の戸籍謄本や証明書は、写しを添付することで原本還付できる
記載されていない親族や身分関係変動の事実がある場合	□日本において閉鎖された外国人登録原票の写しはあるか □出生届、婚姻届、死亡届等の記載事項証明書はあるか

□被相続人及び相続人の基本証明書、家族関係証明書	□法定相続人が特定できるまで遡って取得しているか □2008年1月1日以降の変更履歴が記載されており、またそれ以前の除籍謄本とつながっているか □詳細証明書を取得しているか □翻訳文を作成、添付しているか ※外国の戸籍謄本や証明書は、写しを添付することで原本還付できる
□被相続人の外国人住民票	□平成24年7月9日以降の住所、氏名の変更、死亡の事実が記載されているか
□外国人登録原票の写し及び出生届、婚姻届、死亡届等の記載事項証明書	□平成24年7月8日以前の住所、氏名の変更、死亡の事実が記載されているか □外国人登録原票に「世帯を構成する者の氏名、出生の年月日、国籍及び世帯主との続柄」の情報が記載されているか
□相続関係説明図	□被相続人の登記簿上の住所・最後の住所・死亡日・氏名の記載はあるか □相続人の住所・氏名・生年月日の記載はあるか □被相続人より先に死亡した相続人がいる場合、その人の死亡年月日の記載はあるか ※相続関係説明図を添付する場合、被相続人の戸籍（除籍）謄本（全部事項証明書）、被相続人の住民票除票又は戸籍の除附票、相続人全員の戸籍謄本（全部事項証明書）の原本還付が受けられる
□不動産を取得する相続人の住民票の写し（住所証明情報）	□不動産の名義を取得する相続人の住民票はあるか（名義を取得しない相続人の分は不要） ※住民票コードを作成した場合は省略できる

第5章　渉外登記に関する登記　　　221

□代理権限証明情報 （委任状）	□委任された内容は特定されているか ※認印でよい ※名義を取得する相続人からの委任状がないと委任状を出されなかった相続人の登記識別情報が通知されないので注意が必要
□固定資産評価証明書	□最新年度のものとなっているか □地積等、面積は登記簿上のものと符合しているか

222　　第5章　渉外登記に関する登記

〔54〕　法定共同相続により所有権を移転する 場合（被相続人がアメリカ人の場合）

1　相続の準拠法の決定

〔53〕で、日本に不動産を有する外国人が死亡して相続登記を行う場合には、準拠法の問題を検討する必要があることを述べました。

日本の「通則法」は、36条で「相続は、被相続人の本国法による。」として本国法主義を採っていますが、41条に「当事者の本国法によるべき場合において、その国の法に従えば日本法によるべきときは、日本法による。」とする"反致"の規定を置いています。

そこで、アメリカ国籍の方が亡くなられたときは、日本の「通則法」36条により、まず被相続人の本国法であるアメリカの国際私法を調査しなければならないのですが、アメリカの場合は州ごとに異なる法域を持っており、「通則法」38条3項は、こうした場合に備え、「当事者が地域により法を異にする国の国籍を有する場合には、その国の規則に従い指定される法（そのような規則がない場合にあっては、当事者に最も密接な関係がある地域の法）を当事者の本国法とする。」と定めています。

アメリカの法律には、全ての州に適用される連邦法が支配する分野と各州が法律を制定できる分野があり、相続については、各州が法律を定めることができますが、アメリカ各州には、統一的な国際私法の規定はなく、民法（Code of Civil）にも相続準拠法の規定はないということです。しかし、成文法に代わるものとして、アメリカ法律家協会が取りまとめた統一法典であるSecond Restatement of Conflict of Lawsが国際私法に相当するものと考えられ、相続に関して「不動産であれば不動産所在地の法、動産については被相続人が死亡時の住所地

第5章　渉外登記に関する登記　　223

法による」と定められています（山北英仁著『渉外不動産登記の法律と実務
2―相続、売買、準拠法に関する実例解説』4頁（日本加除出版、2018））。

　そうすると、当事者の本国法であるアメリカ法に従えば、不動産所
在地法である日本法によることになるので、前述の"反致"の規定に
より、準拠法は日本法となりますので、日本の相続の実質法である「民
法」によって処理をすればよいことになります。

　なお、日本の「通則法」36条でいう「相続」には、相続人の範囲、
順位、法定相続分の割合、代襲相続の有無、遺産分割の可否やその方
法、特別受益や寄与分、遺留分、相続放棄等の規定の有無等の法律関
係が含まれると考えられますが、特別縁故者の分与や相続人不存在の
処理方法に関しては、相続財産の所在地の法を適用すべきという説が
有力です。

2　包括承継主義と管理清算主義

　被相続人がアメリカ人の場合には、ここで相続の実質法における包
括承継主義と管理清算主義の対立という問題を検討する必要がありま
す。

　包括承継主義を採っている日本、韓国、台湾等の国々においては、
積極財産であるか消極財産であるかを問わず、被相続人の死亡により、
遺産は全て相続人に帰属するので、法定相続登記に必要な添付情報が
揃えば、裁判所の関与を受けることなく、登記を行うことができます。

　他方、管理清算主義制度を採っている英米法系諸国の国々では、裁
判所（検認裁判所probate court）において選任された遺産執行人（遺
言により指名された者executor）又は遺産管理人（裁判所により選任
された者administrator）に一旦帰属し、プロベイト（Probate）と呼ば
れる①負債、税金等を清算し、②その後に積極財産がある場合のみそ
れを相続人、受遺者等に帰属させるという2段階の手続を要します。

224 第5章 渉外登記に関する登記

　ただし、それらの国の国際私法は、通常「遺産の管理清算については、動産、不動産を問わず遺産管理地（所在地）の法律を適用する」と定めているので、日本にある遺産の管理については、管理地法としての日本法への反致が認められるとされています（山田鐐一著『国際私法〔第3版〕』569頁（有斐閣、2004））。

　そうすると、国外にある遺産については、裁判所の監督のもとで、数年がかりの清算手続を要することもありますが、日本の遺産については、限定承認や相続人不存在の場合を除き、管理清算が行われることがないため、法定相続人の全部若しくは一部の申請意思により若しくは債権者代位により、（包括承継主義の場合と同様に）特段の手続を経ることなく、法定相続の登記を行うことができると解されます。

3　相続登記の添付情報

　相続登記に必要な添付情報ですが、日本の戸籍制度や韓国の家族関係登録制度は、国民全ての家族関係やその生死、身分変動事項等を連続的に記録し、個人の身分情報を起点に何代にも遡って親族関係等を調査することができるので、通常は、全ての法定相続人を確定し、「他に相続人がいない。」ということまで証明することができます。

　他方、世界の他の国々では、それぞれ独自の国民登録・身分関係登録制度を有していますが、本籍概念に相当するものがなく、個々の出生や死亡の事実が発生した地、婚姻が挙行された地に記録として保存されるか、身分上の変動記録がその個人の出生地に集積されるという程度であり、他に相続人がいないという事実までは証明することができません。そうした場合には、全ての相続人が「私たちは被相続人○○の相続人であり、私たち以外に相続人はいない。」という旨の自らが所属する国の公証人（Notary Public）若しくは当該国の駐日領事館の領事の認証を受けた宣誓供述書を作成することが必要です。

第5章　渉外登記に関する登記　　225

　以上のことから、被相続人がアメリカ人である場合には、下記の書面が必要です。

①　（取得が可能な範囲での）被相続人及び相続人の出生証明書、婚姻証明書、死亡証明書

②　全ての相続人が、自らの所属する国の公証人（Notary Public）若しくは当該国の駐日領事の面前で「他に相続人がいない」ことを宣誓供述し、認証を受けた書面

③　被相続人の外国人住民票

　　平成24年7月9日以降、日本に住所を有する中長期在留者や特別永住者については、住民基本台帳へ登録されているので、その住所、氏名の変更、死亡の事実が記載されていれば、相続関係証明書となります。

④　外国人登録原票の写し及び出生届、婚姻届、死亡届等の記載事項証明書

　これら以外の添付書面としては、通常の国内における相続登記と同じです。

⑤　相続関係説明図

⑥　不動産を取得する相続人の住民票の写し（住所証明情報）

⑦　代理権限証明情報（委任状）

⑧　固定資産評価証明書

添付情報のチェックポイント

添付情報	確認事項
□被相続人及び相続人の出生証明書、婚姻証明書、死亡証明書	□出生、婚姻、死亡の年月日が正確に記載されているか □父母の氏名が記載されているか □翻訳文を作成、添付しているか

	※外国の戸籍謄本や証明書は、写しを添付することで原本還付できる
□宣誓供述書	□相続人全員について「他に相続人がいない」ことが述べられているか □自らが所属する国の公証人若しくは当該国の駐日領事館の認証を受けているか □翻訳文を作成、添付しているか
□被相続人の外国人住民票	□平成24年7月9日以降の住所、氏名の変更、死亡の事実が記載されているか
□外国人登録原票の写し及び出生届、婚姻届、死亡届等の記載事項証明書	□平成24年7月8日以前の住所、氏名の変更、死亡の事実が記載されているか □外国人登録原票に「世帯を構成する者の氏名、出生の年月日、国籍及び世帯主との続柄」の情報が記載されているか
□相続関係説明図	□被相続人の登記簿上の住所・最後の住所・死亡日・氏名の記載はあるか □相続人の住所・氏名・生年月日の記載はあるか □被相続人より先に死亡した相続人がいる場合、その人の死亡年月日の記載はあるか ※相続関係説明図を添付する場合、被相続人の戸籍（除籍）謄本（全部事項証明書）、被相続人の住民票除票又は戸籍の除附票、相続人全員の戸籍謄本（全部事項証明書）の原本還付が受けられる
□不動産を取得する相続人の住民票の写し（住所証明情報）	□不動産の名義を取得する相続人の住民票はあるか（名義を取得しない相続人の分は不要） ※住民票コードを作成した場合は省略できる
□代理権限証明情報	□委任された内容は特定されているか

第5章　渉外登記に関する登記　　227

（委任状）	※認印でよい ※名義を取得する相続人からの委任状がないと委任状を出されなかった相続人の登記識別情報が通知されないので注意が必要
□固定資産評価証明書	□最新年度のものとなっているか □地積等、面積は登記簿上のものと符合しているか

228 第5章 渉外登記に関する登記

〔55〕 遺産分割協議により所有権を移転する場合（被相続人が韓国人の場合）

　日本において、相続が発生し、不動産を法定相続分に応じた共有名義にするのでなく、1名の相続人の単独所有若しくは法定相続分と異なる持分での共有名義とするには、通常それを証する遺産分割協議書等の添付が必要です（不登18、不登令7）。

1　相続の準拠法の決定

　日本の国際私法である「通則法」は、遺産分割に関して特段の規定をおいておらず、相続の問題として「遺産分割の時期、方法、基準、効果等は、いずれも相続の準拠法によることになる。」とされていますので、被相続人が外国人である渉外相続の場合には、「通則法」36条「相続は、被相続人の本国法による。」に従い、本国の国際私法に基づき定められた準拠法で、遺産分割を行うことができるかを確認しなければなりません。

　被相続人が韓国人である場合、韓国は「国際私法」49条1項で「相続は、死亡当時の被相続人の本国法による。」とされているので、準拠法は韓国法となります（ただし、同法49条2項で準拠法の選択を認めており、被相続人が遺言に適用される方式により明示的に指定すれば、常居所がある国家の法若しくは不動産の所在地法を準拠法とすることができるので、遺言で日本法を明示的に指定すれば、日本の「民法」の規定に従って遺産分割が行えます。）。

2　韓国の相続法による遺産分割

　韓国の実質法である「民法」は、1013条で「前条の場合（被相続人

第5章　渉外登記に関する登記　　　229

が遺言により相続財産の分割方法を定めるか、相続開始の日から5年を超えない期間内でその分割を禁止する場合）のほか、共同相続人は、いつでもその協議により、相続財産を分割することができる。」と定めているので、日本と同様に遺産分割協議を行うことができます。

　ただし、相続人の範囲が4親等以内の傍系血族までとされており、先順位者が相続放棄するような場合には、従兄弟が相続人になることや法定相続の第1順位が直系卑属とされているため、子全員が相続放棄すれば孫が相続人になること、さらには、配偶者も代襲相続人となること等、韓国民法特有の規定があるため、遺産分割協議に参加すべき相続人の顔ぶれが異なる場合があることに留意する必要があります。

　もし、法定相続人全員の合意が得られず、遺産分割の調停あるいは審判が日本の裁判所に申立てされる場合、これまでは、相続関係事件の国際裁判管轄に関する明文の規定がなかったため、管轄権の有無が問題とされ、被相続人の死亡当時の住所地国又は遺産所在地の裁判所に一般的管轄権があると解されてきました。しかし、平成30年4月18日の「人事訴訟法等の一部を改正する法律」（平30法20）の成立により、渉外的要素のある人事訴訟事件及び家事事件について、日本の裁判所が管轄権を有する場合が明文化されたので、今後は、管轄権の問題が生じることは少なくなるでしょう。例えば、相続に関する審判事件について、相続開始の時における被相続人の住所や居所が日本国内にあるとき等は、日本の裁判所が管轄権を有するものとされましたし、当事者は、合意により、いずれの国の裁判所に遺産の分割に関する審判事件の申立てをすることができるか定めることができるとされました（家事3の11）。

3　相続登記の添付情報

　遺産分割協議により所有権を移転する場合の必要な添付情報です

が、相続関係証明書として

① 韓国の除籍謄本

② （家族関係登録制度に基づく）被相続人及び相続人の基本証明書、家族関係証明書

　日本に住所を有する中長期在留者や特別永住者について、日本における身分関係の変動が本国へ届出されていない場合には、

③ 被相続人の外国人住民票

④ 外国人登録原票の写し及び出生届、婚姻届、死亡届等の記載事項証明書

が挙げられます。他には

⑤ 遺産分割協議書（印鑑証明書添付）

　なお、韓国には、日本と同様の印鑑証明書の他に、2012年12月より本人署名事実確認書が発給されましたが、現在でも登録可能な国民の70％近くが印鑑登録をしているということであり、日本での手続を行うために、印鑑証明書を取得してもらうことが可能でしょう。

⑥ 相続関係説明図

⑦ 不動産を取得する相続人の住民票の写し（住所証明情報）

⑧ 代理権限証明情報（委任状）

⑨ 固定資産評価証明書

添付情報のチェックポイント

添付情報	確 認 事 項
□韓国の除籍謄本	□出生から死亡まで（あるいは、出生から2008年1月1日に戸籍法が廃止されるまで）の連続した戸籍が揃っているか □全ての親族の戸籍があるか、領事館に届出され

第5章　渉外登記に関する登記　　231

	ていない婚姻、死亡等の事実がないか
	□翻訳文を作成、添付しているか
	※外国の戸籍謄本や証明書は、写しを添付することで原本還付できる
記載されていない親族や身分関係変動の事実がある場合	□日本において閉鎖された外国人登録原票の写しはあるか □出生届、婚姻届、死亡届等の記載事項証明書はあるか
□被相続人及び相続人の基本証明書、家族関係証明書	□法定相続人が特定できるまで遡って取得しているか □2008年1月1日以降の変更履歴が記載されており、またそれ以前の除籍謄本とつながっているか □詳細証明書を取得しているか □翻訳文を作成、添付しているか ※外国の戸籍謄本や証明書は、写しを添付することで原本還付できる
届出されていない場合	
□被相続人の外国人住民票	□平成24年7月9日以降の住所、氏名の変更、死亡の事実が記載されているか
□外国人登録原票の写し及び出生届、婚姻届、死亡届等の記載事項証明書	□平成24年7月8日以前の住所、氏名の変更、死亡の事実が記載されているか □外国人登録原票に「世帯を構成する者の氏名、出生の年月日、国籍及び世帯主との続柄」の情報が記載されているか
□遺産分割協議書	□相続人全員の署名・押印（実印）があるか □相続人ごとの分割協議証明書としている場合には、協議日が同一であるか ※公証人面前で協議内容を供述し、認証を受けて

	いる場合には、印鑑証明書は不要
	□遺産分割協議書に実印を押印した者の印鑑証明書はあるか
	□遺産分割協議書に押印されたものと印影が符合しているか
□相続関係説明図	□被相続人の登記簿上の住所・最後の住所・死亡日・氏名の記載はあるか
	□相続人の住所・氏名・生年月日の記載はあるか
	□被相続人より先に死亡した相続人がいる場合、その人の死亡年月日の記載はあるか
	※相続関係説明図を添付する場合、被相続人の戸籍（除籍）謄本（全部事項証明書）、被相続人の住民票除票又は戸籍の除附票、相続人全員の戸籍謄本（全部事項証明書）の原本還付が受けられる
□不動産を取得する相続人の住民票の写し（住所証明情報）	□不動産の名義を取得する相続人の住民票はあるか（名義を取得しない相続人の分は不要）
	※住民票コードを作成した場合は省略できる
□代理権限証明情報（委任状）	□委任された内容は特定されているか
	※認印でよい
	※名義を取得する相続人からの委任状がないと委任状を出されなかった相続人の登記識別情報が通知されないので注意が必要
□固定資産評価証明書	□最新年度のものとなっているか
	□地積等、面積は登記簿上のものと符合しているか

第5章　渉外登記に関する登記　　　233

---

〔56〕　遺産分割協議により所有権を移転する場合（被相続人が台湾人の場合）

1　相続の準拠法の決定

「日本は中華人民共和国と国交を回復し、台湾と国交を断絶しているため、準拠法として、台湾法でなく中華人民共和国法を適用すべきではないか。」という説もありますが、「準拠法の決定は、私法関係における問題であり、その法律を公布した国家、政府に対する外交上の承認の有無等とは次元を異にする。」として、「通則法」38条3項の場所的不統一法国に関する規定「当事者が地域により法を異にする国の国籍を有する場合には、その国の規則に従い指定される法（そのような規則がない場合にあっては、当事者に最も密接な関係がある地域の法）を当事者の本国法とする。」を類推適用して台湾法によって、準拠法を決定することになります。

台湾の国際私法である「中華民国渉外民事法律適用法」58条1項で「相続は、被相続人の死亡の当時の本国法による。」と定めていることから、（韓国と同様に）日本法に反致することはなく、準拠法は台湾法となります。

2　台湾の相続法による遺産分割

台湾の相続の実質法である「民法」は、1164条で「（被相続人の遺言が遺産分割の方法を定めているか、10年を限度として遺産の分割を禁止するときを除き）相続人は、随時、遺産の分割を請求することができる。」とされているので、結果として、いずれも日本と同様に遺産分割協議を行うことができます。

234　　第5章　渉外登記に関する登記

　ただし、台湾では、民国91年（2002年）に、夫婦財産制度が大幅に改正されており、それによって、遺産分割の対象となる財産の構成が変わることがあります。例えば、共同財産制の約定がある場合には、夫婦の一方が死亡したとき、共同財産の半分は生存する他の一方に帰属しますし、（夫婦財産契約を締結しておらず）法定財産制が適用される場合であっても、夫婦間の剰余財産分配請求権という規定があり、「夫又は妻が婚姻関係存続中に取得し現存する法定財産から、婚姻関係存続中に負担した債務を控除した後、余剰があるときは、その余剰財産は均等に分配されなければならない。」とされています。

　また、代襲者を第1順位の相続人に限定しており、甥姪は代襲相続人にならないこと、「養子縁組をしている子と実父母その親族関係は、養子縁組継続中は停止する」とされており、養子は実父母の相続人とならないこと等により、遺産分割協議に参加すべき相続人が異なる場合がありますし、（日本や韓国と同様に）包括承継主義を採っていながら、「相続人は、被相続人の債務につき、相続によって取得した遺産を限度として弁済の責任を負う。」としているという台湾特有の規定があることにも留意する必要があります。

3　相続登記の添付情報

　遺産分割協議により所有権を移転する場合の必要な添付情報は、以下のとおりです。

① 相続関係証明書としての戸籍謄本

　台湾には、日本でいう戸籍と住民票を兼ねた役割を有する戸籍制度があり、東京、横浜、大阪、福岡、那覇、札幌にある台北駐日経済文化代表処へ出頭して作成した授権書（戸籍請求に関する委任状）を台湾に住民登録をしている受任者へ送付することで、戸籍謄本を請求す

第5章　渉外登記に関する登記　　235

ることができます。台湾の戸籍は、改製や住所移転の前後でつながらないこともありましたが、以前は相続人を確定し、他に相続人がいないことまでを証明できるものと扱われてきました。しかし、近年の個人情報保護強化により、請求者の「利害関係を有する部分」の情報のみが印刷されるか、部分謄本しか発行されなくなったために、現在は、相続人を確定し、他に相続人がいないことを証明することが極めて困難になっています。

　また、台湾の場合は（韓国と異なり）日本国内で発生した身分関係の変動を台北駐日経済文化代表処を通じて、台湾本土へ届出できる制度にはなっていないので、日本国内で発生した身分関係の変動は、日本の

②　被相続人の外国人住民票

③　外国人登録原票の写し及び出生届、婚姻届、死亡届等の記載事項証明書

を取得することで、証明する必要があります。

④　遺産分割協議書（印鑑証明書添付）

　　「他に相続人がいない」という証明はできないので、協議書に「私たちの知る限り、○○以外に他に相続人がいない」という文言を加える必要があります。

　　また、台湾にも印鑑証明書制度があります。

⑤　相続関係説明図

⑥　不動産を取得する相続人の住民票の写し（住所証明情報）

　　台湾に住所を有する相続人が不動産を取得する場合には、戸籍謄本が住民票の役割も兼ねているので、戸籍謄本を添付します。

⑦　代理権限証明情報（委任状）

⑧　固定資産評価証明書

添付情報のチェックポイント

添付情報	確認事項
□台湾の戸籍謄本	□出生から死亡あるいは国籍喪失までの連続した謄本が揃っているか □全ての法定相続人を確定し、他に相続人がいないことを証明することができるか □翻訳文を作成、添付しているか ※外国の戸籍謄本や証明書は、写しを添付することで原本還付できる
記載されていない親族や身分関係変動の事実がある場合	□日本において閉鎖された外国人登録原票の写しはあるか □出生届、婚姻届、死亡届等の記載事項証明書はあるか
□被相続人の外国人住民票	□平成24年7月9日以降の住所、氏名の変更、死亡の事実が記載されているか
□外国人登録原票の写し及び出生届、婚姻届、死亡届等の記載事項証明書	□平成24年7月8日以前の住所、氏名の変更、死亡の事実が記載されているか □外国人登録原票に「世帯を構成する者の氏名、出生の年月日、国籍及び世帯主との続柄」の情報が記載されているか
□遺産分割協議書	□相続人全員の署名・押印（実印）があるか □相続人全員について「他に相続人がいない」ことが述べられているか □翻訳文を作成、添付しているか □遺産分割協議書に実印を押印した者の印鑑証明書はあるか □遺産分割協議書に押印されたものと印影が符合しているか

第5章　渉外登記に関する登記　　237

□相続関係説明図	□被相続人の登記簿上の住所・最後の住所・死亡日・氏名の記載はあるか □相続人の住所・氏名・生年月日の記載はあるか □被相続人より先に死亡した相続人がいる場合、その人の死亡年月日の記載はあるか ※相続関係説明図を添付する場合、被相続人の戸籍（除籍）謄本（全部事項証明書）、被相続人の住民票除票又は戸籍の除附票、相続人全員の戸籍謄本（全部事項証明書）の原本還付が受けられる
□不動産を取得する相続人の住民票の写し（住所証明情報）	□不動産の名義を取得する相続人の住民票はあるか（名義を取得しない相続人の分は不要） ※台湾に住所を有する相続人が不動産を取得する場合には、戸籍謄本が住所証明書となる ※住民票コードを作成した場合は省略できる
□代理権限証明情報（委任状）	□委任された内容は特定されているか ※認印でよい ※名義を取得する相続人からの委任状がないと委任状を出されなかった相続人の登記識別情報が通知されないので注意が必要
□固定資産評価証明書	□最新年度のものとなっているか □地積等、面積は登記簿上のものと符合しているか

238 第5章 渉外登記に関する登記

---

〔57〕 遺言により相続を原因として所有権を移転する場合（被相続人がアメリカ人の場合）

　渉外遺言の準拠法に関する法律として、日本には「通則法」37条と「遺言の方式の準拠法に関する法律」（以下「遺言方式準拠法」といいます。）があります。後者は、1960年にオランダのハーグで開催されたハーグ国際私法会議において採択された「遺言の方式に関する法律の抵触に関する条約」を日本政府が批准したことに伴い国内法として定められたもので、遺言の方式に関しては、原則的に「通則法」が排除され、特別法である「遺言方式準拠法」が適用されます。他方「遺言の成立及び効力」に関しては、前者の「通則法」37条が適用されます。

1　遺言の形式的成立要件（方式）について

　「遺言方式準拠法」2条では、遺言はできる限りその成立を容易にするように、いわゆる遺言優遇の原則が採用されており、①行為地法、②遺言者が遺言の成立又は死亡の当時国籍を有した国の法、③遺言者が遺言の成立又は死亡の当時住所を有した地の法、④遺言者が遺言の成立又は死亡の当時常居所を有した地の法、⑤不動産に関する遺言について、その不動産の所在地法のいずれかに適合するときは、方式に関し有効とされています。

　遺言書の作成、署名、証人の立会い等の方式に関する問題も同法に定めるところによりますし、また同法4条では、「2人以上の者が同一の証書でした遺言の方式についても、適用する。」とされており、これは、日本では禁止されている共同遺言も、国によっては認められていることを考慮した規定であると考えられます。

第5章　渉外登記に関する登記　　239

　外国人も自筆証書遺言を作成することができ、日本人の場合と異なり、捺印がなくとも署名だけすれば有効とされています（外国人ノ署名捺印及無資力証明ニ関スル法律1）。また、外国語で遺言書を作成することもできます。

　かつて、遺言書の方式が裁判所で問題となったものとして、英国籍である遺言者が本文及び日付を英文タイプライターで記載し、それに自署捺印して作成した遺言書は、自筆に匹敵するものであり、準拠法である日本法（行為地法、住所地法）による方式及び実質的要件を備えているので適法かつ有効であるとした下級審の例もあります（東京家審昭48・4・20家月25・10・113）。

　ちなみに、平成31年1月13日に施行された「民法及び家事事件手続法の一部を改正する法律」の自筆証書遺言の方式の緩和に関する部分は、自筆証書遺言に添付する財産目録については、自書しなくてもよい（ただし、その各頁に署名押印をしなければなりません。）ことになりましたが、本文は従前と同じく自書しなければなりません。

　日本では、自筆証書遺言の場合に家庭裁判所で検認を受ける必要がありますが、管理清算主義制度を採っているアメリカでは、各州の定めた一定の額を超える遺産がある場合に、遺言の有無にかかわらず、裁判所が関与したプロベイト（Probate）と呼ばれる手続を経なければなりません。

　プロベイト（Probate）は、日本語で"検認"と訳されるケースが多いようですが、実際には①負債、税金等を清算し、②その後に積極財産がある場合のみ、それを相続人、受遺者等に帰属させるという一連の手続の総称で、日本の家庭裁判所で行われる遺言書の検認とは全く異なるものです。

　アメリカでは、不動産の相続手続は、不動産の所在地である州ごとの法律に基づいて行われるため、複数の州に不動産がある場合には、

それぞれの州でプロベイトを行う必要があるとされていますが、日本では、プロベイトを経た遺言書に（例えば"全ての遺産"というような）日本の不動産も含めた記載があれば、日本の家庭裁判所の検認不要で、これにより登記をすることができるという扱いのようです。

また、プロベイトの証明書が付されていない外国人の自筆証書遺言であっても、遺言書の所在地、遺言者の最後の住所又は常居所、遺産の所在地のいずれかが日本にある場合には、日本の家庭裁判所に検認の申立てができるとされています。ただし、実際の検認の手続に際しては、家庭裁判所が法定相続人全員に対し遺言書検認の日時を通知するため、相続人全員の戸籍謄本、本籍・住所・氏名・生年月日を記載した当事者目録を添付する必要があり、相続人の一部あるいは全部が外国人で国外に居住しているような場合には、厄介になることが懸念されます。それを避けるためには、自筆証書遺言でなく公正証書遺言をするのが最善の方法であるといえるでしょう。

日本の公証人は、外国人の遺言公正証書を作成することもできますが、「公証人法」27条で「公証人ハ日本語ヲ用ウル証書ニ非サレハ之ヲ作成スルコトヲ得ス」とあり、すなわち、公正証書は日本語で作成しなければならないので、遺言する外国人が日本語を解しない場合には、通訳によって口授することが必要です。

これに関連してもう一点、令和2年7月10日に施行される「法務局における遺言書の保管等に関する法律」では、その11条で法務局に保管されている遺言書については、検認不要であることが定められており、また4条4項2号で「外国人にあっては国籍」という文言があることから、遺言者が外国人の場合にも対象になることが想定されているようです。しかし、その反面、同法9条により「遺言書保管官は、遺言書情報証明書を交付し又は関係遺言書の閲覧をさせたときは、遺言書を保管している旨を遺言者の相続人、受遺者、遺言執行者に通知する。」とさ

れており、外国人である相続人がいる場合には、どのようにそれを特定し、通知するのかという疑問点もあるので、同法の外国人への適用については、今後の「政令」等の内容、実際の運用を注視する必要があります。

2　遺言の成立及び効力についての準拠法

「通則法」37条1項は「遺言の成立及び効力は、その成立の当時における遺言者の本国法による。」と定めており、ここでは、遺言の方式以外の「成立及び効力」すなわち遺言の外面的形式の有効性に関する全ての諸問題が含まれるとされています。具体的には、「成立」とは、遺言をする時の遺言者の遺言能力の有無や遺言者の意思表示に何らかの瑕疵があった場合に遺言自体が成立するかという問題、「効力」とは、遺言の効力発生時期、遺言の撤回の可否等に係る問題と考えられ、遺言の成立時の遺言者の本国法が準拠法となります。

3　遺言の内容である法律行為（相続）に関する準拠法

それらに対し、遺言の実質的な内容である個々の法律行為の効力については、その法律行為ごとの準拠法によるとされ、婚姻の成立及び方式、婚姻の効力、離婚、嫡出である子の親子関係の成立、嫡出でない子の親子関係の成立（認知）、準正、養子縁組、相続（相続人の範囲、順位、法定相続分の割合、代襲相続の有無、遺産分割の可否やその方法、特別受益や寄与分、遺留分、相続放棄等の規定の有無）等について、日本の「通則法」では、3章の5節、6節で個々に規定されています。

したがって、例えば、外国人が日本で公正証書遺言をすることで、遺言の方式や外面的形式の有効性は満たしていても、その内容が「相続人Aに相続させる」という場合に、決定された準拠法において「Aが法定相続人であるか」とか「Aが相続することで、他の相続人に遺

留分減殺請求権を行使されることがあるのか」というような問題については、別途吟味しなければなりません。

相続分割主義を採るアメリカでは、（統一的な国際私法、相続法はありませんが、アメリカ法律家協会が取りまとめた統一法典であるSecond Restatement of Conflict of Lawsによれば）相続に関して「不動産であれば不動産所在地の法、動産については被相続人が死亡時の住所地法による」とされており、遺言の有無にかかわらず、日本にある不動産の相続については、所在地法である日本法に反致しますので、日本の相続の実質法である「民法」によって処理をすればよいことになります。

また、韓国の「国際私法」は、遺言の形式的成立要件（方式）について50条3項で、日本の「遺言方式準拠法」と同様に遺言優遇の原則を採用していますし、相続に関しては（原則は49条1項で本国法主義を採っていますが）49条2項で準拠法の選択を認めており、被相続人が遺言に適用される方式により明示的に指定すれば、常居所がある国家の法若しくは不動産の所在地法を準拠法とすることができます。

そこで、在日韓国人の遺言者が、遺言書に自らの常居所地若しくは不動産の所在地である日本法を明示的に指定すれば、反致により準拠法を日本法とすることができ、法定相続人や遺留分権利者の範囲を狭めたりすることができる等のメリットがあります。

4　添付書面

① 遺言者の死亡証明書

被相続人である遺言者が日本の中長期在留者の場合には、住民票の除票が死亡を証する書面となり得ます。

② 遺言書

自筆証書遺言の場合には、家庭裁判所の検認済証明書がついた遺言

第5章　渉外登記に関する登記　　243

書の原本が必要になります。

　公正証書遺言の場合には原本が公証役場に保管されていますので正本又は謄本を添付します。なお、公正証書遺言の場合には、検認手続がいらないため、検認済証明書は不要です。

③　相続人であることを証する書面

　相続人が日本人で、被相続人の子や配偶者である場合には、戸籍謄本の父母や身分事項欄の記載で被相続人との関係が分かりますが、そうでない場合には、本国の出生証明書や婚姻証明書が必要になります。

　これら以外の添付書面としては、通常の国内における相続登記と同じです。

④　不動産を取得する相続人の住民票の写し（住所証明情報）

⑤　代理権限証明情報（委任状）

⑥　固定資産評価証明書

添付情報のチェックポイント

添付情報	確認事項
□遺言者の死亡証明書	□氏名、死亡の年月日が記載されているか □翻訳文を作成、添付しているか ※外国の戸籍謄本や証明書は、写しを添付することで原本還付できる
日本の中長期在留者の場合	□住民票の除票はあるか ※住民票の除票が死亡証明書となり得る
□遺言書	□検認済証明書がついているか □翻訳文を作成、添付しているか ※公正証書の場合、検認済証明書は不要
□相続人であることを証する出生証明	□出生及び婚姻の年月日が正確に記載されているか

書、婚姻証明書	□父母の氏名が記載されているか □翻訳文を作成、添付しているか ※外国の戸籍謄本や証明書は、写しを添付することで原本還付できる
□不動産を取得する相続人の住民票の写し（住所証明情報）	□不動産の名義を取得する相続人の住民票はあるか（名義を取得しない相続人の分は不要） ※住民票コードを作成した場合は省略できる
□代理権限証明情報（委任状）	□委任された内容は特定されているか ※認印でよい ※名義を取得する相続人からの委任状がないと委任状を出されなかった相続人の登記識別情報が通知されないので注意が必要
□固定資産評価証明書	□最新年度のものとなっているか □地積等、面積は登記簿上のものと符合しているか

第5章　渉外登記に関する登記　　　245

---

〔58〕　遺言により相続を原因として所有権を移転する場合（被相続人が中国人の場合）

〔57〕で遺言の方式、遺言の成立及び効力、遺言の内容である法律行為（相続）に関するそれぞれの準拠法とアメリカ人、韓国人の遺言のケースについて言及しましたが、ここでは中国人が遺言（中国語では"遺嘱"）をする場合の特有の問題点について解説します。

1　遺言がない場合の相続の準拠法

中国は、遺言がない場合の相続について、英米法系諸国と同様に相続分割主義を採っており、その国際私法である「渉外民事関係法律適用法」（以下「法律適用法」といいます。）31条で「法定相続については、被相続人の死亡時の常居所地法を適用する。ただし、不動産の法定相続については、不動産の所在地法を適用する。」と定めています。したがって、この場合には、反致により準拠法は日本法となるので、日本「民法」によって処理すればよいことになります。

2　遺言相続の場合の準拠法

しかし、被相続人である中国人が遺言を残していた場合、「法律適用法」33条は、「遺言の効力については、遺言者の遺言作成時又は死亡時の常居所地法又は国籍国法を適用する。」と定めており、この場合の33条は、「遺言という意思表示自体の成立と効力のみならず、遺言によって遺言者が実現しようとする相続法上の遺贈や相続分の指定などにも適用される」という見解が多数説です。また31条と33条の適用順序については、「31条は遺産の相続が法定相続による場合、すなわち遺言がない場合、33条の準拠法によれば、遺言が無効である場合、遺言によ

る相続人が相続放棄、受遺者が遺贈放棄した場合に適用される。」と解されています。

　したがって、もし遺言者が有効な遺言をし、法定相続人が相続放棄をしていなければ、33条が31条に優先して適用されると考えられます。33条は、常居所地と国籍という複数の連結点を選択的に適用する主義を採っており、（仮に遺言者の常居所地が日本にあるとしても）国籍は中国であるので、「その国の法に従えば日本法によるべきとき」とはいえず、結果として日本法に反致しないと解されます。

　そうすると、遺言相続の場合は準拠法が中国法となり、相続の実質法である「中華人民共和国継承法」（以下「継承法」といいます。）の規定に従い、日本の「民法」とは異なる以下のような内容を検討しなければなりません。

① 法定相続人及びその順位：「継承法」10条から12条に規定があり、「第1順位として配偶者、子及び父母」「第2順位として兄弟姉妹、祖父母、外祖父母」と定められ、第1順位の配偶者には、法律婚の関係にある者に加え、ある時期まで認められていた事実婚の関係にある配偶者、第1順位の子には、婚姻中の夫婦間の実子、養子に加え、婚姻していない男女間の実子や扶養関係にある継子も含まれるとされています。また、配偶者を亡くした夫若しくは妻が義父、義母に主要な扶養義務を尽くした場合にも第1順位の相続人になるとされています。

② 相続分：「継承法」13条1項で「同一順位の相続人の遺産相続分は、一般に均等である。」としながらも、2項に「生活上特殊な困難があり労働能力が欠乏する相続人に対しては、遺産を分配するときに配慮すべきである。」、3項に「被相続人に対して主要な扶養義務を尽くした相続人、あるいは被相続人と共同生活をしていた相続人は、遺産を分配するときに多い割合を受けることができる。」、4項に「扶養

第5章　渉外登記に関する登記　　247

能力と扶養できる条件がありながら扶養義務を尽くさなかった相続人は、遺産を分配するときに全く受けられないか、少ない割合しか受けることができない。」という弱者の救済や生前の扶養義務履行に配慮した規定が設けられており、それらが各相続人の相続分にどの程度反映されるかは、ケース・バイ・ケースと考えられます。

③　遺言に対する制限：「継承法」19条には、「遺言は、労働能力を欠きかつ生活源をもたない相続人に対し、必要な遺産分を留保しなければならない。」という規定があり、この必要な遺産分は「特留分」等と呼ばれているようですが、日本の「民法」において法定相続人を保護し、遺言による処分を制限するべく定められた「遺留分」とは、全く異なった性質のものであると言われており、遺産が被相続人の債務を清算するのに不足している場合でも必要額を留保することができるとされています。

④　夫婦共有財産の分割：「継承法」26条1項で「夫婦が婚姻関係を継続している間に取得した共有財産について遺産分割をする場合には、約定で除外した物を除き、その財産の半分を生存配偶者の所有とし、残りを被相続人の遺産としなければならない。」と定められていますので、遺贈や遺産分割による分配の前提として、まず夫婦共有財産を確定し、その2分の1を除いて被相続人の遺産とする必要があります。

在日中国人から、「実際に相続が発生してからでは、本国での書類収集、作成が大変だから、日本で公正証書遺言をしたい。」という相談が寄せられる場合がありますが、以上の準拠法の問題をふまえ、慎重に対応する必要があります。

3　添付書面

日本と韓国では、国民の全てが戸籍制度や家族関係登録制度によっ

て登録、管理されているので、日本では戸籍（除籍、原戸籍）謄本、韓国では除籍謄本及び登録事項別証明書を取得することで、法定相続人を特定できますし、相続登記に必要な証明書を揃えることもできます。加えて、国外で発生した出生、婚姻、死亡等の身分関係変動の事実も大使館、総領事館に届出することで、国内の戸籍簿や家族関係登録簿に反映されます。

　他方、中国の場合、住民の出生や死亡は公安機関の管轄ですが、日本の戸籍謄本や韓国の登録事項別証明書のような公的な証明書が発行されることはありませんし、日本国内で発生した中国人の出生、死亡あるいは日本人と中国人の婚姻という身分関係変動の届出を大使館、総領事館は受理しないので、そうした事実が中国国内の戸口登記簿に反映されることもありません。

　そこで、中国人が当事者となる相続登記に必要な書面を中国国内で取得するには、公安局派出所等の管轄機関が発行する関連資料を公証処に持参して、公証書（日本でいうところの公正証書）にする必要があります。

① 遺言者の死亡公証書

　公安機関が発行する関連資料を公証処に持参して、死亡公証書にする必要があります。ただし、遺言者が日本の中長期在留者であれば、住民票の除票が死亡を証する書面になり得ます。

② 遺言書

　中国においても、自筆証書遺言や危急時遺言、さらには口述、録音等の遺言の制度はありますが、これらは中国国内の手続に供する場合であっても有効性を巡って訴訟になる場合が少なくありません。唯一、公証人の面前で遺言公証書として作成されたものはそうした紛争を回避でき、また日本においても検認の手続を要せず、公正証書遺言と同様の扱いを受けることができると考えられます。

第5章　渉外登記に関する登記　　　249

③　相続人であることを証する親族関係公証書

　出生、死亡を管轄する公安機関や婚姻を管轄する人民政府の民政部門が発行する関連資料を公証処に持参して、親族関係公証書を作成する必要があります。ただし、相続人が日本人若しくは日本の中長期在留者であり、住民票の記載から親族関係が分かるのであれば、住民票が被相続人と相続の関係を証する書面になり得ます。

　これら以外の添付書面としては、通常の国内における相続登記と同じです。

④　不動産を取得する相続人の住民票の写し（住所証明情報）

⑤　代理権限証明情報（委任状）

⑥　固定資産評価証明書

添付情報のチェックポイント

添付情報	確認事項
□遺言者の死亡公証書	□氏名、死亡の年月日が記載されているか □翻訳文を作成、添付しているか ※外国の戸籍謄本や証明書は、写しを添付することで原本還付できる
日本の中長期在留者の場合	□住民票の除票はあるか ※住民票の除票が死亡証明書となり得る
□遺言書	□検認済証明書がついているか □翻訳文を作成、添付しているか ※中国の公証書、若しくは日本の公正証書である場合、検認は不要
□相続人であることを証する親族関係公証書	□遺言者である被相続人と相続人の関係が記載されているか □出生及び婚姻の年月日が正確に記載されているか

	□翻訳文を作成、添付しているか ※外国の戸籍謄本や証明書は、写しを添付することで原本還付できる
日本人若しくは日本の中長期在留者の場合	□住民票は添付されているか ※遺言者との親族関係が分かるのであれば、住民票が相続関係を証する書面となり得る
□不動産を取得する相続人の住民票の写し（住所証明情報）	□不動産の名義を取得する相続人の住民票はあるか（名義を取得しない相続人の分は不要） ※住民票コードを作成した場合は省略できる
□代理権限証明情報（委任状）	□委任された内容は特定されているか ※認印でよい ※名義を取得する相続人からの委任状がないと委任状を出されなかった相続人の登記識別情報が通知されないので注意が必要
□固定資産評価証明書	□最新年度のものとなっているか □地積等、面積は登記簿上のものと符合しているか

第5章 渉外登記に関する登記 251

> ### 〔59〕 相続人不存在による相続財産を法人名義とする場合

1 相続人が不存在の場合の国際裁判管轄

　相続人が不存在の場合の相続財産の管理、清算及び相続財産管理人選任等の問題に関する国際裁判管轄については、これまで明文の規定がなく、「相続開始時における被相続人の住所地又は遺産が日本にある場合には、一般的に国際裁判管轄がある。」と考えられていましたが、平成30年4月18日成立の「人事訴訟法等の一部を改正する法律」（平30法20）により「家事事件手続法」3条の11第3項に「裁判所は、相続人の不存在の場合における相続財産の管理に関する処分の審判事件について、相続財産に属する財産が日本国内にあるときは、管轄権を有する。」と新設されました。

2 相続人が不存在の場合の準拠法決定

　相続人の存否の確認は、相続人の確定の問題として相続の準拠法によりますが、相続人が不存在の場合の財産の帰属に関する準拠法の決定については、どのように考えればよいのでしょうか。

　日本法でいうところの特別縁故者のような帰属先がない場合には、最終的に国庫に帰属するのが諸外国の取扱いですが、その根拠を「国庫その他の公共団体が最終の法定相続人として遺産を取得する」とするドイツ、イタリア、スペイン、スウェーデン、スイス等の国々と「国庫が領土主権の作用により無主物として先占する」とするイギリス、アメリカ等の国に大別できます。

　前者は、相続人が不存在の財産の帰属は、相続財産の運命に関するもので、「通則法」36条の定める相続の準拠法の適用範囲に属するとい

う説に通じますし、後者は、国庫が領土主権の作用により無主物として先占する根拠を「通則法」13条1項の「動産又は不動産に関する物権及びその他の登記をすべき権利は、その目的物の所在地法による。」に求め、相続財産が所在する地の法を適用すべきという説を形成します。

ただし、前者の「通則法」36条の定める相続の準拠法によるとした場合には、原則として被相続人の本国法によって決定されることになり、韓国、英国を除いて「準拠法となる本国法に特別縁故者への分与制度がないために、特別縁故者への分与がほとんど認められない。」という結論になってしまうので、その場合の処理を、公序により外国法の適用を排除したもの（仙台家審昭47・1・25判夕291・381）や条理に基づき相続財産の所在地法である日本法を適用したもの（名古屋家審平6・3・25家月47・3・79）があります。

また、中国の「渉外民事関係法律適用法」は、35条で「相続人がいない遺産の帰属については、被相続人の死亡時の遺産の所在地法を適用する。」と明文で規定しており、日本法で処理できることに疑いはありません。

3 登記の添付書類

(1) 相続財産法人名義とする登記

被相続人の名義であった不動産について相続人不存在を原因として相続財産法人名義とする所有権登記名義人表示変更の登記を行う場合には、以下の添付書類が必要です。

① 家庭裁判所の相続財産管理人選任審判書の謄本

審判書には通常被相続人の氏名、国籍、最後の住所を記載しなければならないので、管理人選任の申立て段階で、

・被相続人の本国の機関が発行した国籍を証する書面

第5章 渉外登記に関する登記 253

　・（日本に中長期で在留していた場合は）外国人住民票若しくはその除票
　・被相続人との親子関係か婚姻関係が身分事項に記載された日本人の戸籍謄本
のいずれかと他に相続人がいないことを証明（疎明）する書面を添付する必要があります。
②　外国人住民票の除票若しくは外国人登録原票の写し
　被相続人の不動産の所有名義を取得した日が相当前であれば、登記情報に記録された氏名、住所と相続財産管理人選任審判書に記載された被相続人の氏名や最後の住所が異なっている場合が少なくなく、その場合には、登記の原因に「平成（昭和）年月日氏名及び住所変更、平成（昭和）年月日相続人不存在」と記載するべく、氏名や住所の変更の履歴を証する書面の添付が必要で、具体的には「外国人住民票の除票」若しくは（2012年7月9日に閉鎖された）「外国人登録原票の写し」が該当すると思われます。
③　委任状
　相続財産管理人からの委任状が必要です。
　(2)　特別縁故者への財産分与を原因とする所有権移転登記
①　民法958条の3の審判書正本
　特別縁故者への財産分与の審判が確定したら、登記原因証明情報としてその審判書正本を添付します。
②　不動産を取得する特別縁故者の住民票の写し（住所証明情報）
③　委任状
　この場合の登記申請は、特別縁故者が単独で行うことができます。
④　固定資産評価証明書
　(3)　特別縁故者の不存在確定による他の共有者への持分権移転登記

254　　第5章　渉外登記に関する登記

① 登記識別情報又は登記済証

　特別縁故者の不存在が確定すると、相続財産法人名義であった不動産の共有持分は、他の共有者に移転しますが、特別縁故者の不存在について家庭裁判所から審判書が発行されるわけではなく、他の共有者と登記義務者である相続財産管理人の共同申請により登記が行われ、この場合には被相続人が共有持分を取得した際の登記識別情報又は登記済証が添付書類となります。

② 相続財産管理人の印鑑証明書

③ 持分を取得する共有者の住民票の写し（住所証明情報）

④ 相続財産管理人選任審判書の謄本

⑤ 委任状

　登記権利者である他の共有者と登記義務者である相続財産管理人の双方からの委任状が必要です。

⑥ 固定資産評価証明書

添付情報のチェックポイント

(1) 相続財産法人名義とする登記

添付情報	確　認　事　項
□相続財産管理人選任審判書の謄本	□被相続人の氏名や最後の住所が、不動産の登記情報の所有者の氏名、住所と異なっていないか
□外国人住民票の除票若しくは外国人登録原票の写し	□相続財産管理人選任審判書に記載された氏名や最後の住所までの変更履歴、年月日が明らかであるか
□委任状	□相続財産管理人の記名、押印があるか

第5章　渉外登記に関する登記　　255

(2)　特別縁故者への財産分与を原因とする所有権移転登記

添付情報	確　認　事　項
□民法958条の3の審判書正本	□財産分与を受ける特別縁故者の住所及び氏名が記載されているか □財産分与の対象となる不動産が明記されているか □確定証明書が添付されているか
□不動産を取得する特別縁故者の住民票の写し（住所証明情報）	□不動産の名義を取得する特別縁故者の住民票はあるか（名義を取得しない相続人の分は不要） ※住民票コードを作成した場合は省略できる
□委任状	□委任された内容は特定されているか ※認印でよい
□固定資産評価証明書	□最新年度のものとなっているか □地積等、面積は登記簿上のものと符合しているか

(3)　特別縁故者の不存在確定による他の共有者への持分権移転登記

添付情報	確　認　事　項
□登記識別情報又は登記済証	□当該不動産の共有持分を取得したときの申請受付年月日及び受付番号が登記情報と符合しているか
□相続財産管理人の印鑑証明書	□個人の印鑑証明書の場合は、登記申請日の前3か月以内に発行されたものであるか ※裁判所の発行した印鑑証明書である場合には、3か月以内である必要はない
□持分を取得する共	□持分を取得する共有者の住民票となっているか

有者の住民票の写し（住所証明情報）	□氏名及び住所が、登記情報の氏名及び住所と符合しているか ※氏名及び住所が異なっている場合、持分移転の前提として、共有登記名義人の氏名（若しくは住所）変更登記が必要
□相続財産管理人選任審判書の謄本	□被相続人の氏名や最後の住所が、不動産の登記情報の所有者の氏名、住所と異なっていないか
□委任状	□登記権利者である他の共有者と登記義務者である相続財産管理人の双方からの委任状はあるか □相続財産管理人の印鑑証明書と印影が符合しているか
□固定資産評価証明書	□最新年度のものとなっているか □地積等、面積は登記簿上のものと符合しているか

〔60〕 遺贈により所有権を移転する場合

1 遺贈及び遺言執行者の選任に関する準拠法

　渉外遺言の準拠法に関する法律として、日本には「通則法」37条と「遺言の方式の準拠法に関する法律」（以下「遺言方式準拠法」といいます。）があり、遺言の形式的成立要件（方式）に関しては、「遺言方式準拠法」の諸規定、遺言の成立及び効力すなわち遺言の外面的形式の有効性に関しては、「通則法」37条1項の「遺言の成立及び効力は、その成立の当時における遺言者の本国法による。」が、それぞれ適用されることは、〔57〕で述べました。

　そして、以上の準拠法により遺言自体が有効であるとされた場合には、遺言の内容となっている遺贈という法律行為が、どのような性質を有しており、どの準拠法によるかが問題となりますが、日本では、遺贈は相続法上の法律行為であり、原則として「通則法」36条によるというのが通説です。したがって、遺贈による遺留分の侵害の有無、遺言の執行（遺言執行者の指定、選任、権限、義務等）さらには、遺贈の目的物が直接受遺者に移転するのか、それとも遺言執行者により管理清算された後に（残余財産として残っていれば）受遺者に移転するのかという問題についても、「通則法」36条で処理される法律行為に含まれ、被相続人の本国法によると考えられています。

　この点については、古くなりますが、「日本に最後に住所を有したインド人の遺言の執行について遺言執行人を選任するのは、遺言の準拠法に関する改正前「法例」26条（現「通則法」37条）ではなく、相続に関する同「法例」25条（現「通則法」36条）による」とした例があります（神戸家審昭35・12・6家月13・3・156）。

　もっとも、被相続人の本国法と遺言者の本国法は、通常一致してお

り、遺言時と死亡時の間で国籍が変わった場合にのみ異なることになるので、遺言と相続のいずれの準拠法によるかということは、日本において問題視されることは少ないと考えられます。

2 実際の遺言執行者の選任、執行について

相続分割主義を採用している英米法系の国では、「不動産についてはその所在地法を適用し、動産については被相続人の住所地法を適用する。」とされていますので、被相続人が日本に居住し、日本に不動産を有していたような場合には、反致により全て日本法が適用されると考えられます。被相続人がイギリス人であったケースですが、実際にイギリス法からの反致を認めて、住所地法である日本の「民法」によって遺言執行者を選任した例もあります（東京家審昭45・3・31判タ259・332)。

それでは、被相続人の本国の裁判所において、既に遺言執行者が選任されていた場合に、その遺言執行者は日本にある遺贈の目的物について執行手続を行うことができるのでしょうか。

これまでは、外国の非訟事件に伴う審判等の承認について、民事訴訟法118条のような規定がなく、それでも公序良俗に反することがない限り、原則的にはその効力を認めるという運用がされてきましたが、平成30年4月18日成立の「人事訴訟法等の一部を改正する法律」（平30法20) により「家事事件手続法」79条の2で「外国裁判所の家事事件についての確定した裁判（これに準ずる公的機関の判断を含む。）については、その性質に反しない限り、民事訴訟法第118条の規定を準用する。」と明文化されたので、外国で選任された遺言執行者は、原則的に日本における遺贈の目的物についても執行手続を行うことができると考えてよいでしょう。

ただ、英米法における遺産の管理清算手続における遺産執行人

（executor）又は遺産管理人（administrator）の職務は、①負債、税金等を清算し、②その後に積極財産がある場合のみそれを相続人、受遺者等に帰属させるという、法人の清算人のようなものであるため、その権限を日本における遺贈においてそのまま承認すべきかについては、議論の余地があるのではないでしょうか。

3　添付書面

① 　遺言者の死亡を証する書面

　遺言者が中長期で日本に居住していた外国人の場合には、住民票の除票が死亡を証する書面となり得ます。

② 　遺言書（検認済証明書付）

　遺言書の原本が必要になります。公正証書遺言の場合には原本が公証役場に保管されていますので正本又は謄本を添付します。なお、公正証書遺言の場合には家庭裁判所の検認手続がいらないため、検認済証明書は不要です。

③ 　遺言者の登記識別情報又は登記済証

④ 　遺言執行者の選任を証する書面

　遺言書に記載されている場合には不要ですが、そうでない場合には家庭裁判所の選任審判書の謄本が必要となります。

⑤ 　遺言執行者の印鑑証明書

⑥ 　受遺者の住民票の写し（住所証明情報）

⑦ 　委任状

　登記権利者である受遺者と登記義務者である遺言執行者の双方からの委任状が必要です。

⑧ 　固定資産評価証明書

　なお、遺言書で遺言執行者が選任されていない場合は、相続人全員が義務者となり、相続人の全員であることが分かる書面及び相続人全

260　　第５章　渉外登記に関する登記

員の印鑑証明書が必要となりますが、相続人が韓国人、日本人以外である場合には、相続人全員の協力なくして客観的に「他に相続人がいない」という事実を証明する書面を取得することが困難であるため、受遺者が家庭裁判所に遺言執行者の選任審判を申し立てるのが、現実的な解決策であると考えられます。

添付情報のチェックポイント

添付情報	確　認　事　項
□遺言者の死亡を証する書面	□氏名、死亡の年月日が記載されているか □翻訳文を作成、添付しているか ※外国の戸籍謄本や証明書は、写しを添付することで原本還付できる
日本の中長期在留者の場合	□住民票の除票はあるか ※住民票の除票が死亡証明書となり得る
□遺言書	□公正証書で作成されているか □遺言執行者が指定されているか □自筆証書遺言の場合、検認済証明書がついているか □翻訳文を作成、添付しているか ※公正証書の場合、検認済証明書は不要
□遺言者の登記識別情報又は登記済証	□遺言者が当該不動産を取得したときの申請受付年月日及び受付番号が登記情報と符合しているか
□遺言執行者の選任を証する書面	□遺言書に記載されていない場合、家庭裁判所の選任審判書の謄本はあるか ※遺言書に記載されている場合には不要
□遺言執行者の印鑑証明書	□登記申請日の前3か月以内に発行されたものであるか

第5章　渉外登記に関する登記　　261

□受遺者の住民票の写し（住所証明情報）	□不動産の名義を取得する受遺者の住民票はあるか（名義を取得しない相続人の分は不要） ※住民票コードを作成した場合は省略できる
□委任状	□登記権利者である受遺者と登記義務者である遺言執行者の双方からの委任状はあるか □遺言執行者の印鑑証明書と印影が符合しているか
□固定資産評価証明書	□最新年度のものとなっているか □地積等、面積は登記簿上のものと符合しているか

〔61〕 贈与により所有権を移転する場合

1 贈与の準拠法

　日本の「通則法」には、7条に「法律行為の成立及び効力は、当事者が当該法律行為の当時に選択した地の法による。」として、当事者による準拠法の選択を認めた規定があります。

　他方で、贈与契約は取引社会におけるよりも一定の身分関係にある者の間で行われることが多く、贈与者ないしその親族の利益を保護するために特別の規定が定められているのが普通であることから、国際私法上、他の債権契約とは別に取扱い、贈与者の本国法にならしめる法制もあるということです（山田鐐一著『国際私法〔第3版〕』337頁（有斐閣、2004））。

　しかし、贈与契約も債権契約の一種ですし、当事者である贈与者及び受贈者の双方が生存しており、特定の国の法律が適用されるべきことを明示的あるいは黙示的に定めた場合には、当事者の予見可能性、正当な期待の保護という要請にも沿うので、「通則法」7条の準拠法の選択を認めてよいと解すべきでしょう。

　さらに、「通則法」8条には、当事者による準拠法の選択がない場合が定められており、その1項で「法律行為の成立及び効力は、当該法律行為の当時において当該法律行為に最も密接な関係がある地の法による。」、2項で「特徴的な給付を当事者の一方のみが行うものであるときは、その給付を行う当事者の常居所地法を当該法律行為に最も密接な関係がある地の法と推定する。」とされていることから、贈与契約において当事者による明示的あるいは黙示的な準拠法の選択がない場合には、贈与者の常居所地法を準拠法とする説が有力です。これも、贈与の目的物が、通常は贈与者の常居所地にあると考えれば、予見可能性

や法的安定性を欠くという危険は少ないでしょう。

　以上のように、贈与者及び受贈者の双方が生存している贈与契約では、「通則法」7条や8条を適用することで、当事者の明示的あるいは黙示的な意思を尊重した結論が得られますが、問題となるのは死因贈与のような死亡を契機とする場合であると思われます。

　例えば、相続の実質法において、日本と同様の遺留分という規定を有する韓国及び台湾、（法定相続人を保護する日本の遺留分とは性質が異なりますが）必要な遺産分を留保する「特留分」という制度を有する中国の場合には、遺言者あるいは死因贈与の契約当事者に、遺贈や死因贈与における留意点や問題点を説明することは難しくないと思われますが、英米法系諸国の当事者は、遺言を作成したり死因贈与契約書を作成したりする目的等が異なるので、十分注意する必要があります。

　また、相続において管理清算主義を採用している英米法系諸国では、原則として被相続人の遺産は直接相続人に帰属せず、遺産財団（Estate）を形成し、プロベイト（Probate）と呼ばれる「債権債務の確定・清算、相続人の確定、残余財産の分配移転等の一連の手続」を要するからです。

　国や州によって手続やかかる費用も異なりますが、プロベイトには、通常1年以上の期間、数百万円の費用、弁護士報酬の支払を要するため、それらの国において不動産や預貯金を有している方々は、プロベイトを回避するべく、生前に以下のような贈与契約若しくはそれに類似した法律行為を行うことが少なくありません。

①　財産共有名義化（Joint Tenancy）：1人が死亡したら、他の生存共有者へ帰属する権利（Right of Survivorship）を有する共有名義とします。

②　共有名義口座（Joint Account）：預金口座を開設する際に単独名

義（Single Account）でなく共有名義（Joint Account）を選択することで、一方が死亡すると他の名義人に口座が引き継がれます。

③ 受取人指定（POD、TOD）：預金口座については、開設時にPOD（Payable on Death）の口座を依頼し、受取人を事前に銀行に通知しておくこと、証券口座については、TOD（Transfer on Death Registration）を登録しておくことで、死後指定した受取人の口座に承継されるか、受取人が支払を請求できます。

④ 生前信託（Living Trust）：信託を設定する委託者（Trustor）、信託財産の管理・運用・処分を行う受託者（Trustee）、信託の利益を受け取る受益者（Beneficiary）によって構成されますが、生前はその3役を全て委託者である本人に設定することで実質的に所有を継続し、かつ死後にプロベイトを回避できます。

2 死因贈与による登記の添付書面

① 贈与契約書

贈与契約書の原本が必要となりますが、公正証書の場合には正本又は謄本を添付します。準拠法の選択に関する条項の有無に加え、国籍や住所（常居所といえるか）の記載があるかということについて留意する必要があります。

② 贈与者の死亡証明書

契約の効力を生じたことを証するために、贈与者の死亡を証する書面が必要となります。

贈与者が中長期で日本に居住していた外国人の場合には、住民票の除票が死亡を証する書面となり得ます。

③ 贈与者の登記識別情報又は登記済証

④ 死因贈与執行者の印鑑証明書

第5章　渉外登記に関する登記　　265

　死因贈与契約書に死因贈与執行者の指定がある場合は、執行者が贈
与者の相続人の代わりに手続に関与することができますが、契約書が
私署証書の場合、執行者の印鑑証明書だけでなく、贈与者が契約書に
押印した実印についての印鑑証明書若しくは贈与者の相続人全員の承
諾書（印鑑証明書付）及び相続関係証明書を提出しなければなりませ
ん。特に贈与者の相続人に外国人が含まれるような場合には、「他に
相続人がいない」という事実を証することも相続人全員の承諾を得る
ことも大変困難であるため、死因贈与契約書はぜひとも死因贈与執行
者を指定して、かつ公正証書で作成することをお勧めします。

⑤　受贈者の住民票の写し（住所証明情報）

⑥　委任状

　登記権利者である受贈者と登記義務者である死因贈与執行者の双方
からの委任状が必要です。

⑦　固定資産評価証明書

添付情報のチェックポイント	
添付情報	**確　認　事　項**
□贈与契約書	□公正証書で作成されているか □死因贈与執行者が指定されているか □準拠法の選択に関する条項があるか □国籍や住所（常居所といえるか）の記載があるか □翻訳文を作成、添付しているか
□贈与者の死亡証明書	□氏名、死亡の年月日が記載されているか □翻訳文を作成、添付しているか ※外国の戸籍謄本や証明書は、写しを添付することで原本還付できる

日本の中長期在留者の場合	□住民票の除票はあるか ※住民票の除票が死亡証明書となり得る
□贈与者の登記識別情報又は登記済証	□遺言者が当該不動産を取得したときの申請受付年月日及び受付番号が登記情報と符合しているか
□死因贈与執行者の印鑑証明書	□登記申請日の前3か月以内に発行されたものであるか
□受贈者の住民票の写し（住所証明情報）	□不動産の名義を取得する受贈者の住民票はあるか（名義を取得しない相続人の分は不要） ※住民票コードを作成した場合は省略できる
□委任状	□登記権利者である受贈者と登記義務者である死因贈与執行者の双方からの委任状はあるか □死因贈与執行者の印鑑証明書と印影が符合しているか
□固定資産評価証明書	□最新年度のものとなっているか □地積等、面積は登記簿上のものと符合しているか

ケース別
相続登記　添付情報のチェックポイント

令和元年9月25日　初版発行

編　集　山　北　英　仁
発行者　新日本法規出版株式会社
代表者　星　　謙一郎

発行所　新日本法規出版株式会社
本　　社　（460-8455）　名古屋市中区栄1－23－20
総轄本部　　　　　　　　電話　代表　052(211)1525
東京本社　（162-8407）　東京都新宿区市谷砂土原町2－6
　　　　　　　　　　　　電話　代表　03(3269)2220
支　　社　札幌・仙台・東京・関東・名古屋・大阪・広島
　　　　　　高松・福岡
ホームページ　https://www.sn-hoki.co.jp/

※本書の無断転載・複製は、著作権法上の例外を除き禁じられています。
※落丁・乱丁本はお取替えします。　　　ISBN978-4-7882-8615-3
5100081　相続登記添付　　　　　　　©山北英仁 2019 Printed in Japan